JN333974

日本建国の原点

この国に誇りと自信を

大川隆法
RYUHO OKAWA

まえがき

私の一九〇〇書突破記念の本として、この『日本建国の原点』を日本国民に贈ることとする。この国に誇《ほこ》りと自信を取り戻すためには、その建国の原点に常に立ち返る必要があると思う。

最近の安保法制に関する、政府と憲法学者たち（及びそれをけしかけている左翼マスコミたち）の対立を見ても、マッカーサーという神が、天空から厚木基地に降《お》り立って、「ＧＨＱ王朝」を開き、初代皇帝として即位したかのような歴史認識である。それゆえ、現行・日本国憲法はモーセの十戒《じっかい》の如《ごと》く、神によって降ろされた言葉であるので、酋長《しゅうちょう》である象徴《しょうちょう》天皇以下の倭人《わじん》は、一字一句ないがしろにしてはならないそうである。日本の神々の神話や、建国の歴史を教えなくなると、たやすく洗脳《せんのう》されてしまうのである。誇りと自信を失った国民は、謝罪ばかり続ける精神的奴隷《どれい》となり果てる。もう自虐史観《じぎゃくしかん》に終止符を打つべき時ではなかろうか。

二〇一五年　六月十六日

幸福《こうふく》の科学《かがく》グループ創始者兼総裁《そうししゃけんそうさい》　大川隆法《おおかわりゅうほう》

日本建国の原点　目次

第1章　信仰心《しんこうしん》と国を愛する心について

二〇一三年四月二十一日　説法《せっぽう》
三重《みえ》県・幸福の科学　伊勢《いせ》支部精舎《しょうじゃ》にて

第2章　政治の根源にあるもの

二〇一三年五月二十六日　説法
宮崎《みやざき》県・幸福の科学　延岡《のべおか》支部精舎にて

第3章　日本建国の原点

二〇一三年十一月二十四日　説法
奈良《なら》県・幸福の科学　橿原《かしはら》支部精舎にて

第4章　質疑応答

第1章

信《しん》仰《こう》心《しん》と国を愛する心について

二〇一三年四月二十一日　説法《せっぽう》

三重《みえ》県・幸福の科学　伊勢《いせ》支部精舎《しょうじゃ》にて

1　今、日本の〝深層〟で起きつつある大きな「精神革命」とは

伊勢神宮《いせじんぐう》は「日本の中心」にある、天皇や首相も参拝《さんぱい》する神社

伊勢神宮《いせじんぐう》では、二〇一三年に「式年遷宮《しきねんせんぐう》」という、二十年に一回の大きな行事が行われ、秋には、一千万人を超《こ》える参拝《さんぱい》者が訪れました。

私は、本章の法話《ほうわ》を伊勢支部精舎《しょうじゃ》で行う前日から当日にかけて、「なぜ伊勢神宮に天照大神《あまてらすおおみかみ》が祀《まつ》られているのだろう」ということを、ずっと考えていたの

ですが、歴史書を読んでも、その理由がはっきりとは出てきません。

ただ、いろいろと考えた結果、やはり、「伊勢のあたりは、日本列島の中心なのかな」という感じが、支部に来る途中《とちゅう》でしてきました。「日本列島全体を見るには、このあたりがよいのかな」という感じがしたのです。

それと同時に、伊勢支部に来るまでの間、車で周りを見ていると、けっこう広い平野があって、水田で稲作《いなさく》の準備が進んでいました。

また、海が近いので、海の幸《さち》も豊かだし、農耕でもかなりの収穫《しゅうかく》があって、豊かな地域だったのではないかという気がします。そういう意味で、神に祝福された地だったのではないでしょうか。そのように感じます。

いまだに、年初には、総理大臣以下、閣僚《かくりょう》が伊勢神宮に参《まい》られることも多いですし、「たまたま、その年だけ行かなかったら、阪神《はんしん》・淡路大震災《あわじだいしんさい》が起きた」

というのが、村山富市《むらやまとみいち》さんのときでした。

村山さんは首相のとき（一九九五年）、正月には参拝《さんぱい》に行かなかったのですが、一月十七日に阪神・淡路大震災が起きたために慌《あわ》てたのか、そのあと遅《おく》ればせながら参拝に行きました。やはり、社会党の委員長でも、〝神の祟《たた》り〟を感じたのでしょう。

震災が終わってしまったあとではあるものの、念のために来たような感じを受けたので、伊勢神宮は、よいことで「霊験《れいけん》あらたか」と感じさせるだけではなく、悪いことで反省させる面もあるのかと思いました。

確かに、明治神宮ぐらいであれば近いのですが、伊勢は、東京から来ると、かなり距離《きょり》があるのかもしれません。ともかく、そのようなこともありました。

また、天皇家の方々も、参拝は、よくなされているのではないかと思います。

霊言集《れいげんしゅう》の広告は「日本に精神革命が起きる」ことを示している

本法話の当日には、産経新聞の朝刊に、当会の霊言集《れいげんしゅう》の全面広告が出ました。「大川隆法『公開霊言』シリーズ　ここまで来た『霊界《れいかい》の実証』！」「登場した霊人《れいじん》は二百五十人以上！　わずか三年でシリーズ百五十冊突破《とっぱ》！　私たちは今、世界史上最大の奇跡《きせき》に直面しているのかもしれない。神の御姿《みすがた》と、その世界計画の一部が、霊言集というかたちで明らかにされつつあるのだから――。」

そのようなコピーがダーッと出たのです（注。二〇一五年六月現在、公開霊言シリーズは三百五十冊に達している）。

そして、そのときに最新刊だった『守護霊《しゅごれい》インタビュー　金正恩《キムジョンウン》の本心直《ちょく》撃《げき》！』（幸福実現党刊）、『長谷川慶太郎《はせがわけいたろう》の守護霊メッセージ』『サッチャーのスピリチュアル・メッセージ――死後19時間での奇跡のインタビュー――』（共に幸福の科学出版刊）の広告が載《の》りました。

このとき、これ以外に、『守護霊インタビュー 皇太子殿下《でんか》に次期天皇の自覚を問う』（幸福の科学出版刊）という本も最新刊だったのですが、〝不敬罪〟に当たったのでしょうか。なぜか載らなかったようです。ただ、「書店に行けば、ある」ということではあります。

さて、この広告を見ていて、何となく他人事《ひとごと》のようですが、「普通《ふつう》ではないな」という感じがしたのです（笑）（会場笑）。やはり、これは普通ではないでしょう。

例えば、これを「本当か嘘《うそ》か」という二分法で割ったときに、「本当」であるならば、日本に「精神革命」が今起きようとしているわけですから、このまま終わることはないはずです。

今、幸福の科学は、支部長が満足できる範囲《はんい》内ぐらいの活動で、みな〝平和に〟やっていますが、そのようなもので済むはずがありません。他の教団で、このようなことを起こせるところは、かつてなかったのです。日本にもなかったし、世界にもなかったので、これで済むはずは絶対にありません。この運動は今の十倍、百倍の大きな力となって、日本に精神革命が起きるはずなのです。

これが、もし嘘だったら、あるいは、「嘘だ」と思われたら、吉田松陰《よしだしょういん》と同じ道を歩まなければならないのではないかと思います。

いずれにせよ、どのような結果になろうとも、その後の人類の運命に、大きなインパクトを与《あた》えることは事実でしょう。

また、「ここまで本を出して迫害《はくがい》が起きていない」というのも、それなりにすごいことではあります。

それは、やはり、過去、約三十年の実績が積み重なってきているからで、にわかにつくったようなものではありません。

私は、「何でも来い」という感じでやってきましたし、さらに、最近の霊言集等は、深みを増しつつあるので、そう簡単に否定できないものがあるでしょう。

生きている人の守護霊霊言などもやりますが、私が会ってもいない、知りもしない人の場合でも、必要とあればやります。その結果、そこにズバッと影響《えいきょう》が出てきているので、日本の〝深層海流《しんそうかいりゅう》〟としては、そうとう大きな動きが今起きつつあるのではないかと思います。

したがって、「今後、みなさんが今見ているものや感じているものの、十倍、百倍の大きな衝撃《しょうげき》度のものがやって来る」ということを、今から想定しておいてください。

それは、「今、支部長が一人で受けているぐらいの重みや衝撃波に対する抵《てい》抗《こう》を、信者《しんじゃ》のみなさん一人ひとりが受けて立たなければいけないぐらいになってくる可能性が高い」ということです。

星条旗《せいじょうき》に「愛国心」を誓《ちか》うアメリカ

さて、「信仰心《しんこうしん》と国を愛する心について」という本章のタイトルについて考えたのですが、結局、「信仰心とは、愛国心でもある」ということでしょう。

先般《せんぱん》（二〇一三年四月）、アメリカでは、ボストンマラソンで爆弾《ばくだん》テロ事件があって、騒《さわ》いでいました。

アメリカには、いろいろなところから来た、さまざまな人種や民族の移民が住んでいます。つまり、他国籍《たこくせき》の人が星条旗《せいじょうき》に誓《ちか》いを立てれば、アメリカ国民として、アメリカの一員になれるわけですが、テロ事件が起きて、オバマ大統領にも動揺《どうよう》が走りました。

当時、オバマさんは、今後の方針として、移民の条件をさらに緩《ゆる》くしようとしているところでしたし、移民の票、あるいは移民の子孫の票を、直前の大統領選（二〇一二年アメリカ合衆国大統領選挙）でも、そうとうかき集めて勝っていたので、やや衝撃が走っただろうと思うのです。

このテロ事件では、容疑者として捕《つか》まったあとに亡《な》くなった兄と、今も捕まっている弟は、ロシア連邦《れんぽう》のチェチェン共和国から来た人たちで、「イスラム教のほうに傾倒《けいとう》していたのではないか」というように言われています。

これは、まさしく、「『宗教への信仰心』と『アメリカ合衆国への愛国心』とが両立するのかどうか」というテーマだったのでしょう。

アメリカでは、星条旗に、「戦争のときに、アメリカ人として戦います」というような誓いを立てれば、だいたい国民になれます。星条旗そのものは、「アメリカは五十の州が集まってできた国だ。そういう州が“united《ユナイテッド》”（合体）して国をつくった」ということなのですが、「その連結・連合を信じて仲間になる」というような誓いを立てる感じです。

「日の丸」の国旗に信仰《しんこう》の姿を描《えが》いている日本

一方、日本の国旗を見てみると、シンプルな「日の丸」の旗です。「白地の真ん中に太陽を描《えが》いた」と言われており、おそらく世界でいちばんシンプルな国旗ではないかと思います。

これは、もちろん、日本という名前に「日」が入っているので、その字を取ったといえば、そういうこともあるでしょうが、この日の丸の「太陽」というのは、日本の信仰《しんこう》の象徴《しょうちょう》でもあるわけです。

根本《こんぽん》を辿《たど》れば、「太陽信仰」というものがあり、天照大神《あまてらすおおみかみ》という存在が国家神として認められ、伊勢を中心として、日本全体がそれを承認《しょうにん》してきて、今の皇室制度は成り立っているわけです。

今、皇室については、よく分からないままに、世論《せろん》が動いたり、評論家やマスコミなども意見を言ったりしていますが、そもそも、なぜ皇室は連綿と続いているのでしょうか。

「天皇は百二十五代続いている」と言われています。あるいは、別説によれば、「二百数十代続いている」という歴史書もあることはありますが、それについては〝正統な〟歴史家があまり認めていないので、百二十五代としましょう。その間、途切れずに続いており、「天照大神の子孫」ということで系図《けいず》がはっきり遺《のこ》っているわけです。

また、憲法学者の、今は亡き芦部信喜《あしべのぶよし》　東大名誉《めいよ》教授も、憲法学のテキスト、教科書のなかに、「『何ゆえに天皇制があるのか。あるいは、何ゆえに、皇室が特別な地位を持っていて、そうした制度が憲法に書かれており、現在あるのか』と問われたときに、憲法学者として答えようとしたら、『皇室は天照大神の子孫である』ということ以外に、その根拠《こんきょ》を述べることはできない」というようなことを書いています。

これは、宗教家や宗教学者が言っているわけではなくて、憲法学者がそう言っているのです。「『天皇は天照大神の子孫だ』ということ以外に、理屈《りくつ》のつけようがない」と、芦部さんははっきり書いています。

そういう意味では、日本はもともと祭政一致《さいせいいっち》の国なのです。つまり、国旗のなかに、すでに信仰の姿が描かれているわけで、「この国は、太陽の神、ゴッド・オブ・ザ・サン（God of the Sun）を信仰する国なのだ」ということです。

2 神や偉人《いじん》の歴史を消し去ろうとする左翼《さよく》史観

「天照大神《あまてらすおおみかみ》」と「聖徳太子《しょうとくたいし》」を架空《かくう》の人物にする左翼《さよく》史観

もちろん、こうしたことについては、さまざまな左翼《さよく》系の学者が引っ繰《く》り返そうとして頑張《がんば》っており、日本の歴史をいろいろと書き換《か》えたり、批判をたくさんしたりしています。

例えば、今の歴史学者は、「天武《てんむ》天皇、持統《じとう》天皇のころに『古事記《こじき》』『日本書紀《にほんしょき》』が編纂《へんさん》されたが、特に『日本書紀』等でかなりつくり変えられた。持統天

●天武天皇（631?〔生年不詳〕～686）　飛鳥《あすか》時代の第40代天皇（在位673～686）。壬申《じんしん》の乱において大友皇子《おおとものおうじ》との皇位争いに勝ち、即位。のち出家《しゅっけ》。国史の編纂などを行い、律令制の整備を推し進めた。

皇の女帝《じょてい》の人格が反映されて、天照《あまてらす》という人格が創造されたのだ」というようなことを言って、日本の歴史を千三百年程度に縮めようと〝頑張って〟はいるわけです。

ただ、そうとは言い切れない面があるように思われます。

というのは、それより百年近く前の聖徳太子《しょうとくたいし》の時代（六〇〇年前後）に、隋《ずい》の煬帝《ようだい》に宛《あ》てて、聖徳太子が国書《こくしょ》を送ったのですが、このときに、「日出《ひい》ずる処《ところ》の天子《てんし》、書《しょ》を日没《ひぼっ》する処の天子に致《いた》す、恙無《つつがな》きや」と書いているわけです。傲岸無礼《ごうがんぶれい》と言えば傲岸無礼な、自信満々の言葉でしょう。「日が昇《のぼ》るところの天子が、日の没するところの天子に国書を送ります。ご機嫌《きげん》いかがですか」ということですから、本当にスカッとします。今の日本人のように卑屈《ひくつ》ではありません。

●**持統天皇**（645～702）　第41代天皇（在位690～697）。天智天皇の娘で、天武天皇の后《きさき》。天武天皇の崩御後、即位し、飛鳥浄御原令《きよみはらりょう》の施行《しこう》、藤原京への遷都《せんと》等を行い、孫（文武《もんむ》天皇）に皇位を譲《ゆず》って日本初の太上《だいじょう》天皇となった。

中国は、隋の時代にも、けっこう力はありましたし、おそらく当時であれば、世界最強に近い力だと思います。

この「日が昇るところの天子が、日の没するところの天子に国書を送る」という立場には、何とも言えないものがありますが、これは、朝貢《ちょうこう》外交などとは違《ちが》って、明らかに〝挑発《ちょうはつ》外交〟です（会場笑）。「攻《せ》めてこれるものなら、来てみろ！」というような感じだと思います。

さらに、「恙無《つつがな》きや」ですから、隋の煬帝は怒《おこ》って国書を破り、焼き捨てようとしたらしいのですが、「まあ、まあ」と諫《いさ》められたため、いまだに遺《のこ》ってはいるようです。

なお、聖徳太子は、「憲法十七条《じゅうしちじょう》や冠位十二階《かんいじゅうにかい》の制度を制定したり、その他、いろいろと改革を行《おこな》った」ということになっているわけですが、これも、日本人にしては、あまりにも鮮《あざ》やかにいろいろなことができすぎているので、今の歴史学者は、「そんなことがあってはならないのではないか」と思うようです。そして、ついに、「聖徳太子は架空《かくう》の人だった。想像上の人物で、存在しなかった」というようなことまで言い出しました。

一万円札から、その肖像《しょうぞう》が消されると、すぐにこうしたことが起きるので、気をつけないといけません（会場笑）。一万円札で使っていれば、そんなことを言う人はいないと思いますが、福沢諭吉《ふくざわゆきち》に替《か》わってしまうと、すぐにそうしたことを言う人が出てくるわけです。

しかし、生きていた証拠《しょうこ》があまりにも多く出すぎているので、「聖徳太子が架空の人物だった」というのは、やや無理があるように思います。

架空のこととして、そのような物語を全部書けるはずがありません。「架空の人物が中国に送った国書が、「届いて遺っている」などというようなことが、あろうはずもないので、実際にいた人物なのです。

そんな優《すぐ》れた人が過去の日本にいたら、恥《は》ずかしいでしょうか。おかしいでしょうか。私は全然、そうは思いません。

結局、「日本は駄目《だめ》な国で、最低・最悪でなければいけない」という史観からいって、「そんな偉《えら》い人が、過去にいてはいけないのだ」という強い信念の下《もと》に書けば、そういう人を全部否定していくことになるのでしょう。

織田信長《おだのぶなが》の性別やリンカンの業績を「引っ繰《く》り返す」説もある

確かに、引っ繰《く》り返すと面白《おもしろ》がられることはよくあると思います。最近では、たようです。

「織田信長《おだのぶなが》は女だった」というような小説（『女信長』）まで流行《はや》ったりしてい

「女信長」などというと、面白いことは面白いですし、確認ができていないために、それは分からないことでもありましょう。男性の小姓《こしょう》たちをかわいがっていましたから、そういうことも、あるいは、あるかもしれません（会場笑）。ただ、一般《いっぱん》的に見て、男であろうと推定はされるわけです。

こうした引っ繰り返すやり方は、みな得意なのでよくやるのですが、最近は、リンカンあたりまでいろいろと言われています。

アメリカでは、「アメリカの〝神〟といえばリンカン」という感じでしょうけれども、そのリンカンについて、「奴隷《どれい》解放宣言をしたが、実は奴隷を解放する気はなかった。奴隷制に対しては推進側だったけれども、南北で戦争になったために、やむなく、そうせざるをえなくなったのだ」という言い方をする人がいるのです。

こういう説は、昔から、小説としてはあったのですが、リンカンの持っている神格性のようなものを否定する効果は持っているでしょう。

左翼《さよく》史観には「偉人《いじん》や英雄《えいゆう》・神仏《しんぶつ》」を認めない心がある

気をつけなければいけないのは、左翼《さよく》史観のなかに、「人間というのは、みな平凡《へいぼん》で、変わらないものだ。給料も一律《いちりつ》、寿命《じゅみょう》も一律、家の大きさまで一緒《いっしょ》で、〝美人でない〟奥《おく》さんも同じようにもらわなくてはいけない」（会場笑）というような、原始共産主義のような感じの〝民主主義〟がまかり通ってくることです。

ただ、もしそうであれば、これほど多くの人間が住む必要はありません。

それは、人間社会を蟻《あり》の社会のように見ているということでしょう。確かに、軍隊蟻の社会であれば、どの蟻を見ても、その違いをわれわれの目で見抜《みぬ》くのは大変だと思います。いったい、どこに違いがあるのか分からないですし、「体の大きい蟻と小さい蟻とがいる」というのは、たまに分かっても、だいたい同じような動きをしているからです。

しかし、人間社会をそのように見るのは、自らを卑下《ひげ》する行動にもなっているのではないでしょうか。私は、優れた人物は過去にいくらでもいたと思うし、そうした「偉人《いじん》や英雄《えいゆう》を否定する心」は、やはり、「神や仏を否定する心」に完全につながっていくものだと思うのです。

そういうものを否定して、「自然に〝空気〟で民衆が動き、革命が起きて、国が変わってきたのだ」というようなことを言う人が、だいたい左翼史観であるわけですが、やはり、その底には、優れた人を認めたくない心や、「人間の力を超《こ》えた、大きな力が働いている」ということを認めない心があるように思います。

霊言集《れいげんしゅう》は「霊界《れいかい》や神仏《かみほとけ》が存在する」ことの証明

そういう考えからすれば、「数百人に上《のぼ》る霊人《れいじん》が登場する霊言集《れいげんしゅう》が、現在、シリーズで百五十九冊も出ている（説法《せっぽう》当時）」などというような広告を見た場合、「これは、どうせ詐欺《さぎ》でしょう。手分けして書いたのでしょう」ということになるわけです。

ところが、こうした霊言には、今のところ、全部、私が話した証拠が残っています。その映像は、すべて幸福の科学の支部や精舎《しょうじゃ》等で公開しており、髪型《かみがた》やネクタイぐらいは変わっていますが、それを語っているのが私であることは間違いありません。

また、原稿《げんこう》を読んでいるわけでもないですし、もし、そうした霊言を、全部、原稿に書いたものを暗記してやっているのであれば、私の頭脳はものすごく強力で優秀《ゆうしゅう》な頭脳ということになるでしょう（会場笑）。

私も、そのような頭脳になりたいとは思います。「違った内容の本をすべて丸暗記して、一言《ひとこと》も間違《まちが》わずにそのまま再現できる。誰《だれ》かが書いてくれた原稿を丸暗記して、毎日のようにでも〝霊言〟ができる」というような頭脳には憧《あこが》れますし、「そんな頭があれば、これほど苦労はしないだろう」と思います。しかし、それは無理です。そのようなことはできないし、また、それほどの名優でもありません。日本一の俳優として認められるほど、演技力が豊かでもないのです。

やはり、真理は簡単なところにあります。結論は簡単で、「実際に、このとおりのことが起きている」というだけのことなのです。

これまで、三十年近くいろいろと活動してきて、いろいろな取材を受けたり、いろいろなことを裏からたくさん探《さぐ》られたりしました。また、元信者や元職員なども数多く取材を受けていますが、いまだに、「霊言なるものがインチキだった」という証拠は、一度も出たことがないのです。そもそも、インチキをしていないので出るわけがないのですが、そうしたものは一度も出ていません。

つまり、大きな力が働いているわけです。「このようなことができる」ということは、「天上界《てんじょうかい》がある。霊界《れいかい》がある。神仏《かみほとけ》が存在する」ということでしょう。西洋的に言えば、「天使が存在する」ということであるし、東洋的に言えば、「如来《にょらい》や菩薩《ぼさつ》が存在する」ということに、ほかならないわけです。

神社・仏閣《ぶっかく》を否定することが「科学的」「合理的」なのか

また、そうしたことを疑うのが、科学的で合理的であるとは言えないと思います。

もし疑うことが科学的で合理的であるならば、伊勢神宮《いせじんぐう》が三重《みえ》県にあり、隣《となり》の奈良《なら》県に行けば、橿原《かしはら》神宮があり、島根《しまね》県の出雲《いずも》に行けば、出雲大社《たいしゃ》があり、さらには、全国各地に神社・仏閣《ぶっかく》がこれだけたくさんあることを、どのように考えればよいのでしょうか。これは、「神様・仏様が存在することを、国民が認めている」ということでしょう。

　これが全部インチキで、詐欺であり、神も仏もないのなら、神社・仏閣は打ち壊《こわ》さなければいけません。「国民全体がみんな詐欺に引っ掛《か》かっている」ということであれば、そうした非合理的なものは全部壊すべきです。そして、「風呂《ふろ》の焚《た》き付けにする」と言った

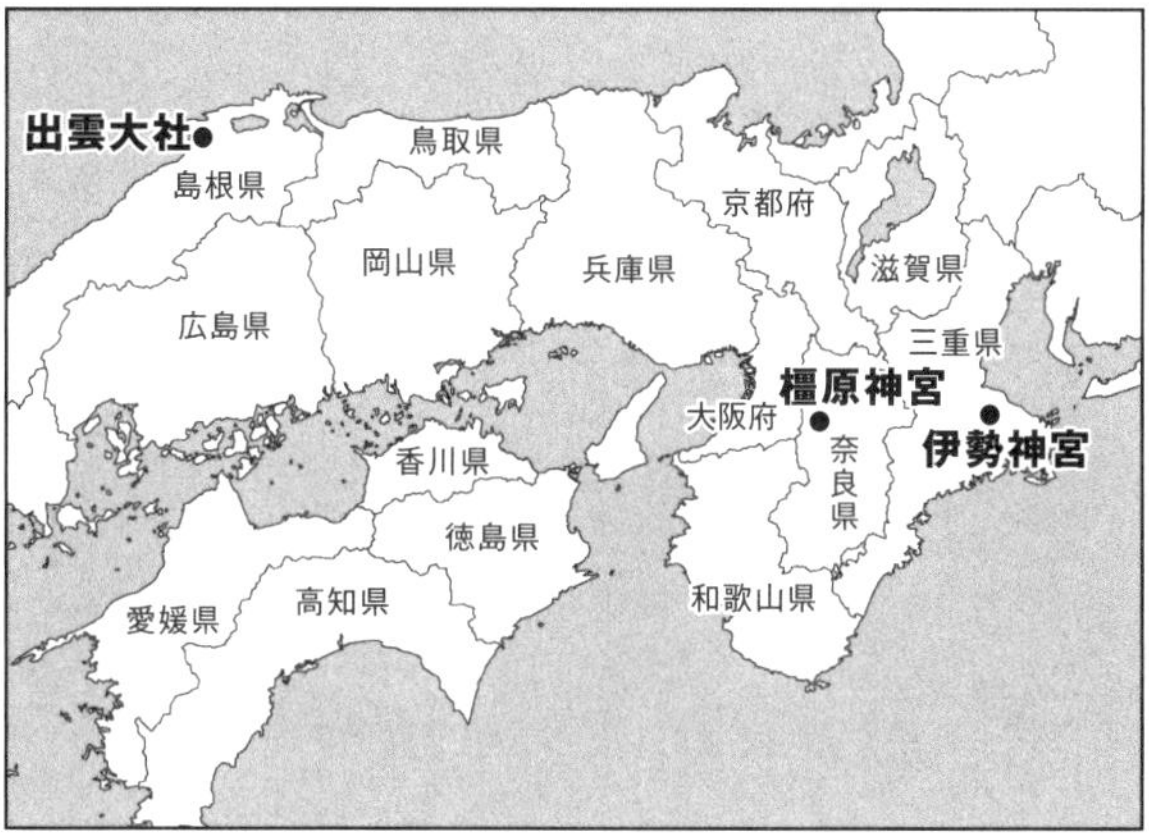

ら古すぎるので（会場笑）、しかたがないから、「海女《あま》さんが海に潜《もぐ》って真珠《しんじゅ》を採ってきたあとに温まるための焚き火の材料ぐらいにでもすればよい」ということになるでしょう。

●神社・仏閣は全国にあるわけで、いったい幾《いく》つあると思いますか。ものすごい数だと思います。

実は、全国のお寺の数はコンビニの数より多いのです（会場笑）。コンビニを便利だと思って使っている人はたくさんいると思いますが、その数よりお寺は多くて、それだけの数のお寺が、今、現実に、まだ潰《つぶ》れないで存在しているわけです。

つまり、インドや中国など、いろいろなところから入ってきた「お経《きょう》」と「修行《しゅぎょう》」を伝えるだけで、現在それほどのお寺があるということでしょう。ま

●**神社・仏閣の数**　文化庁『宗教年鑑』（平成26年版）によると、全国の神社数は79,492社、寺院数は74,694寺となっている。

た、日本神道《しんとう》の歴代の神々を祀《まつ》る社《やしろ》もたくさん存在しているのです。

やはり、こうした現実を見るかぎり、例えば、現代の教育学において、神仏《かみほとけ》や神話の時代を否定したり、すべて左翼史観で見たりすることは可能だとしても、それはおかしいと言わざるをえません。

また、国宝になっているものを見れば、その多くは古い神社・仏閣であったり、彫刻《ちょうこく》の仏像や神像、例えば、大日《だいにち》如来像だったりします。尊《とうと》いものは、ほとんどみな宗教絡《がら》みのものばかりです。

あるいは、歴史を見れば、偉人のなかでも天才的な偉人というと、ほとんど宗教家でしょう。宗教家ばかりが出てきています。やはり、「宗教家は神様に近い」と、みな思っているのです。

こういうことに対し、全部、目に蓋《ふた》をして、つまり、「現在ただいま、自分は見ていない」というだけの理由で、見ないことにして、「存在しない」と言うのは、残念ながら、「自分に引き合わせて全部を見ている」ということだと思います。ある意味においては、傲慢《ごうまん》になっているのではないでしょうか。

3 「神の心を受けた政治」こそ日本の伝統

「神がいるなかで科学が発達する」のは当然のこと

現代は、コペルニクス●の時代とは引っ繰《く》り返っています。今度は、霊的《れいてき》証明において〝コペルニクス〟が出て、引っ繰り返さなければいけません。要するに、一度引っ繰り返された価値観を、今また逆に引っ繰り返さなければいけないと私は思っているのです。

例えば、神がいて、そのなかで科学が発展した場合、何か悪いことでもある

●コペルニクス（1473～1543）　ポーランド王国の天文学者・聖職者。当時主流だった天動説（地球中心説）を覆《くつがえ》す地動説（太陽中心説）の提唱者。

かといえば、何もないでしょう。

地球に関する神がいて、あるいは、次は宇宙レベルの神も出てくるかもしれませんが、そういう神がいて、造物《ぞうぶつ》がなされ、創造がなされて、その秘密を明かすべく科学が探究して、いろいろなところに行けるようになっていくわけです。そうした未来に、何ら問題はないし、矛盾《むじゅん》もないと思います。そのような世界観を当たり前のこととしていただきたいのです。

イギリス元首相のサッチャーさんが、死後、火葬《かそう》に付《ふ》されるまでには、一週間以上かかったと思いますが、私は、死後十九時間で、本人が自分の死を分からないうちに呼び出すぐらいの〝強引《ごういん》な〟牽引力《けんいんりょく》で、イングランドから日本に呼び出して、霊言《れいげん》を収録しました。

こんなことができる人は、今、世界にはほかにいません（前掲《ぜんけい》『サッチャーのスピリチュアル・メッセージ――死後19時間での奇跡《きせき》のインタビュー――』参照）。

そういう意味で、私の将来は、「歴史に遺《のこ》る神近き存在」か、「大詐欺師《だいさぎし》」かのどちらかでしょう（会場笑）。その判定は好きにしてくださって結構ですが、どちらに結論を持っていくかは、やはり、信者のみなさんのお力やお考え、ご支持によるものだと思っています。

私は、淡々と仕事をやり続けていくのみです。ただ、淡々とやっているだけですが、出てくる実績は、ほかの人とは違《ちが》ったものになってきているということです。

「政教分離《ぶんり》」ではなく「政教一致《いっち》」が日本の伝統

今、「政治と宗教は分離《ぶんり》すべきもので、宗教が政治に口を出すのは間違っているる」というようなことを言われており、今の憲法もそのようにできているわけですが、私は「やはり、それはおかしいのではないか」と思っています。

日本の歴史を見るかぎり、神と政治は一体化していて、いつも「神の心を受けて政治をやろう」としていたのが、昔からの伝統でしょう。

例えば、「古代の歴史を朝廷《ちょうてい》で編纂《へんさん》していた天武《てんむ》天皇や持統《じとう》天皇のころにも、どうも、持統天皇が神降《かみお》ろしをしていたらしい」ということが分かっています。

つまり、天武が戦《いくさ》をするときに、持統に神降ろしをさせ、それについて意見を訊《き》いていたらしいのです。

あるいは、卑弥呼《ひみこ》の時代にも、やはり、「神降ろしをして、いろいろと国政のあり方について訊いていたらしい」ということが分かっています。

おそらくは、九州のあたりに、朝廷の原型に当たるものがあったときも、そうであったでしょう。「高天原《たかまがはら》にある神々の言葉を地上で受けて、それを国政に活《い》かしていた」と、ほぼ推定されるのです。

国民の信仰心《しんこうしん》がなくなれば、その国は滅《ほろ》びる

そういう意味で、「信仰心《しんこうしん》と国を愛する心」の問題について言えば、やはり国民の信仰心がなくなったら、その国は衰退《すいたい》に入っていくし、いずれ滅《ほろ》びると

私は思います。

そして、「国が滅びたら、どうなるか」ということですが、「その国の〝上〟にある神々の世界、日本で言えば高天原に相当する神々の世界までなくなってしまう」ということです。つまり、こちらもどこかに分散《ぶんさん》して、みな別の地方や国など、いろいろなところに出ていかなければいけなくなるわけで、霊界《れいかい》においても、神々の世界がなくなることがありえるのです。

これについては、シンガポールでの海外巡錫《じゅんしゃく》のときに話したことがあります（注。二〇一一年九月十五日、シンガポールで、〝Happiness《ハピネス》 and《アンド》 Prosperity《プロスペリティ》〟と題して英語説法《せっぽう》を行った。『大川隆法 シンガポール・マレーシア 巡錫の軌《き》跡《せき》』〔幸福の科学出版刊〕参照）。シンガポールで、失礼にも、「どんな神がいるかと思って調べたのですが、この国には神がいないのです」と、私は言ってしまったのです。

シンガポールは、少し前まで〝漁村〟だったところでしょう。それが、今は、実際上、生活するというよりは、金融《きんゆう》業で取り引きをするのに有利なので、さまざまなところが、シンガポールを経由して金融取り引きをしています。

そのため、シンガポールは、金融で儲《もう》けることによって、収入の高い国、つまり、一人当たりのＧＤＰがアジア一高い国になっているわけですが、指導している神が存在していません。そこで、「このままでは少しまずいのではないでしょうか」と、私は述べたのです。

また、その前年には、ブラジルに巡錫しました（注。二〇一〇年十一月、ブラジルで、約一週間の間に五回の説法を行った。『大川隆法　ブラジル　巡錫の軌跡』〔幸福の科学出版刊〕参照）。

そのときには、「イエスが来ていません。どうしたのでしょう。ほったらかし状態ではないですか」と思いました。イエスは、ブラジルには、あまり関心を持っていないようでした（注。本説法後、『イエス・キリストに聞く「同性婚問題」』〔幸福の科学出版刊〕において、イエス・キリストは、「（ブラジルに）いつもいるわけではないが、いちおう、見守ってはいる」と述べている）。

さらに、ブラジル最大規模の教会であるパウロ教会にパウロはいませんでした。パウロはどうしているのか知りませんが、全然、そこを指導していないのです。

これは大変でしょう。やはり、犯罪が多発するだけのことはあると思います。ブラジルはカトリックの国だと言っても、神がほとんど指導していないのですから、これではいけません。

今回（二〇一三年）は、南米のほうからローマ法王●が出たようですので、少しは意識が変わるかもしれないとは思いますが、まだ何か、あちらにも明かされていない歴史がたくさんあるのでしょう。

●フランシスコ（1936～）　第266代ローマ教皇（在位2013～）。初の南アメリカ出身（アルゼンチン）の教皇。質素な生活で、庶民派を自認している。その教皇名は清貧の聖人《せいじん》アッシジのフランシスコに由来。

4　日本は世界史のなかの奇跡《きせき》

二千年の歴史を持つ「神の国・日本」に誇《ほこ》りを持とう

とにかく、私が本章で述べたいことは、「『日本が神の国である』ということに対して、もう少し誇《ほこ》りを持っていただきたい」ということです。卑屈《ひくつ》になってはいけません。

特に、近代というか、この百年ぐらいの間に、日本は、近隣《きんりん》の国から、すごく悪い国のようにいろいろ言われていますが、そういうものの陰《かげ》には、日本に対する、うらやましく思う心や嫉妬《しっと》の心が必ずあるものです。

やはり、「そういう目で見ないで、二千年くらいの長い目で日本を見て、どう思いますか」と問い返すだけの力を持っていただきたいと思います。

日本は、現存する世界の国家のなかで、ある意味では「最古の国家」なのです。もちろん、文明としては、もっと歴史があるところもあると思いますが、そうしたところは、国家としては何度も滅《ほろ》びており、続いていません。

日本の場合、「百二十五代、天皇が続いた」という史実は、歴史の時間軸《じく》とぴったり一致《いっち》するかどうかは分かりませんが、「神武即位《じんむそくい》のときから計算すれば、二千七百年たっている」ということになります。もし、古代の時間が〝間《ま》延《の》び〟しているとしても、少なくとも二千年近い歴史があることは、ほぼ確実なのです。

例えば、奈良《なら》あたりの前方後円墳《ぜんぽうこうえんふん》等の巨大《きょだい》な遺跡《いせき》は、少なくとも三世紀ごろからつくられていることは分かっているので、それを見れば、考古学的に、どれほど左翼《さよく》的に判断しても、千八百年ぐらいの歴史があるのは確実でしょう。つまり、日本には、エジプトのピラミッドに匹敵《ひってき》するような、そうした大きな墳墓《ふんぼ》をつくれるだけの巨大な力を持った〝王様〟がいたのであり、「その王朝が現代にまで、連綿と続いていて、その歴史や系図を全部示せる」ということは、珍《めずら》しいことなのです。

イギリスも古い国だといいますが、あの国は、一〇六六年のノルマン人の上陸から国ができたので、そこから見ると、まだ千年もたっていません。日本の半分も歴史がないのです。また、アメリカの建国は一七七六年です。

それから、中国も、「五千年の長い歴史がある」と言っていますが、それは異民族がたくさん入ってきて国をつくった歴史なので、決して統一王朝ではありません。

漢《かん》民族の国のときもあれば、モンゴル人に支配されたこともあります。あるいは、突厥《とっけつ》、匈奴《きょうど》というような、中央アジアの民族から支配されたりと、いろいろなところに支配されて国ができているので、決して統一王朝ではないのです。

ちなみに、現在の中国（中華《ちゅうか》人民共和国）は、一九四九年に毛沢東《もうたくとう》が建ててから始まった国なので、まだ百年もたっていません。

そういうことを考えると、やはり、これだけ連綿と続いた国家があるのは、「世界史のなかの奇跡《きせき》」だということを知らなければならないでしょう。

日本人としての「信仰心《しんこうしん》」を信じ、世界に指針を示すべきとき

さらに、そうした国家が続いた理由として、本当は、陰《かげ》で「信仰心《しんこうしん》」というものが国をまとめていたのです。

アメリカは、ステイツ（合衆国）に対する信仰、要するに、そうした「諸州が集まって一つの国をつくるのだ」ということに対し、「みんなが、それを承認して参加したい」ということでもって政治ができている国です。

一方、日本の場合は、「神に向かって、みんながまとまろう」としてできている国であるわけで、それを忘れてはならないと思います。

そういう意味で、日本は世界に誇るものを数多く持っています。

歴史的には、いろいろなものの形がなくなっていくし、日本は「木の文化」なので、遺《のこ》っているものは少ないでしょう。古い時代のものは、石や、そうしたものでつくっていないので、遺っていないものもありますが、現実には、世界に誇るべきものがあることを知っていただきたいと思います。

また、「最低でも二千年は統一国家を維持《いじ》してきた」ということは、やはり、日本の神々には、そうとうの力があったし、思い入れもあったのです。

その意味で、日本は、世界の手本になるべきものを数多く持っているし、われわれは、そういうものを発見して、次に、これを世界に出していくときが、今来ているのではないかと思います。

今まで、日本には、受け身で過ごしてきた部分もかなりあるでしょう。しかし、これからは、日本からさまざまな考え方や意見を世界に発信し、世界の

人々に「あるべき姿」や指針を示すことこそ、今、いちばん必要とされている
ことだと思うのです。
一部の唯物論《ゆいぶつろん》的な考え方にすべてを引っ繰《く》り返されないようにしなくてはい
けません。「現に神社・仏閣《ぶっかく》が存在し続けている」ということは、いくら学校
教育で〝洗脳〟されていると言っても、日本人の本質において、信仰心のとこ
ろは消すことができないでいるわけです。やはり、これを信じて生きていくこ
とが大事なのではないでしょうか。
おそらく、その流れのなかに、日本の生き筋《すじ》はあるだろうと思うのです。

日本の正しさを知り、強い「信仰心《しんこうしん》」と「愛国心」を持とう

また、その流れのなかに、例えば、「北朝鮮《きたちょうせん》や中国などに、国としてどのように立ち向かえばよいのか」という自覚もありえるのではないかと思います。

やはり、大事なものだと思っていなければ、護《まも》る気持ちも起きないでしょう。「それは宝石《ほうせき》のごとき大事なものだ」と思えば、「護る価値」があるはずです。

そのあたりのことについて、どちらが正しいかを知らなければいけません。

中国は、十数億人の国家であっても、国内では、抗日《こうにち》戦線での日本人をいつも悪役として描いています。そして、「悪い日本人が酒を飲み、乱暴狼藉《らんぼうろうぜき》を働く。そこに美男美女の中国の兵隊が出てきて、一人で何十人もの日本人をぶっ

倒《たお》す」というようなドラマを毎日のように流しているのです。

そうすれば、高視聴率《しちょうりつ》を取れるし、当局のチェックが入らないので、そんな番組ばかりを流して洗脳している国もあるのですが、言論の自由、報道の自由がまったくない状態に置かれているということでしょう。

そのように、「どちらが正しいのか」ということは、神の目で見ても分かるし、神の目ではなく、世界の人の良識《りょうしき》の目で見ても、分かることではないかと思います。

例えば、情報をオープンにして、「正しい情報」と「間違った情報」の両方を入れてみて、どちらが残り、どちらが消えるかを見れば分かることです。情報を入れないようにブロックしているところに、必ず嘘《うそ》があると私は考えているのです。

その意味で、みなさんに強くあってほしいし、「信仰心《しんこうしん》」と「愛国心」を持っていただきたいと思います。

当教団でも、幸福の科学学園（那須《なす》本校・関西校）で、今年（二〇一三年）の入学式からは、ＲＯマーク（幸福の科学のシンボルマーク）が入った教団旗と、日の丸の旗との両方を学校に掲《かか》げています。私は、日本の国は日本の国として尊重《そんちょう》しています。したがって、国への尊重の気持ちは、いっこうに変わらないつもりです。

以上、いろいろなことを述べましたが、みなさんには、どうか強い信仰の思いを全国に発信していただきたいと思います。それが、私の願いです。

そのあたりについて、「何をバカなことを言うんだ」というような人がいるかもしれません。そうした、要するに無神論で左翼の人が、都会へ行けば行くほど増えてくるわけですが、やはり、都会に行くと神社・仏閣が少なくなってくるので、なかなか難しいのでしょう。

しかし、そうした地域にいる人たちに対しては、「そのような罰当《ばちあ》たりな考え方を持ってはいけない」ということを、キチッと教えなければいけないのではないでしょうか。私は、そのように思います。

第2章

政治の根源にあるもの

二〇一三年五月二十六日　説法《せっぽう》

宮崎《みやざき》県・幸福の科学　延岡《のべおか》支部精舎《しょうじゃ》にて

1　ねじ曲げられ、失われつつある日本の建国神話

宮崎《みやざき》のホテルに常備されていた『古事記《こじき》』

本章のもとになった法話《ほうわ》は、宮崎《みやざき》県の延岡《のべおか》支部精舎《しょうじゃ》で行いました。そこはやや遠隔《えんかく》の地ではあったのですが、「国難《こくなん》」のときにあって、日本の政治の発祥《はっしょう》の地で、神々への祈願《きがん》を兼《か》ねて何かしたほうがよいのではないかと思い、この地を選んだのです。

前回、宮崎に来たときには、空港のすぐ近くに支部があったので、日帰りに

なりましたが、今回はもう少しだけ宮崎の奥《おく》のほうに入るので、一泊《いっぱく》しました。

そして、一泊したホテルで、「さすが宮崎だな」と思ったことがありました。ホテルのベッドの横にあるテーブルの引き出しを開けると、『聖書《せいしょ》』と『仏典《ぶってん》』と『古事記《こじき》』が出てきたのです。

そこに『古事記』が入っているのは、実に正しい判断です。私は全国各地でたくさんのホテルに泊《と》まっていますが、ほかのところでは、『古事記』を見たことがありません。

そのように、ホテルのテーブルから『古事記』が出てきたので、「ほお、これは読まないわけにはいかない」と思って読んでみたのです。私は、ほかの『古事記』もたくさん読んでいましたが、宮崎のホテルに常備されていた『古事記』がいちばん分かりやすく書いてあり、立派でした。

『古事記』とは、日本の成立史を書いたもので、七一二年に成立しました。それから、七二〇年には、『日本書紀《にほんしょき》』が成立しているかと思います。「『古事記』は神話の部分が比較《ひかく》的多い歴史書で、『日本書紀』のほうは神話の部分がやや少なく、事実の部分が多い歴史書である」と言われていますが、ホテルに置いてあった『古事記』には、物語が分かりやすく書いてあり、『聖書』『仏典』と並べても恥《は》ずかしくないようにつくってありました。

「神話を持っていない国家」は民族の誇《ほこ》りを失わせる

その『古事記』のまえがきには、「十二、三歳《さい》くらいまでに民族の神話を学ばなかった民族は、例外なく滅《ほろ》んでいる」という、歴史家のアーノルド・トインビーの言葉とされるものを引いて、「だから、神話を学ばなければいけない」と書いてあったので、「実によい言葉だ」と私は思いました。

その言葉に基《もと》づけば、今の日本は、「十二、三歳までに神話を学ばない時代」に入りつつあるので、危ないです。神話を学んでいない人たちが今、政治をし始めたり、社会活動をし始めたりしています。学生たちもみな、神話をあまり学んでいないので、極《きわ》めて危険です。

歴史の大きな流れである通史などを見ても、「貝塚《かいづか》があった」「農耕が始まった」「栗《くり》の実を潰《つぶ》して〝せんべい〟にした」などという話から、突如《とつじょ》、古墳《こふん》時代になり、律令《りつりょう》国家が始まるような感じで、その前の時代が切れているのです。

要するに、「神話」「神代《かみよ》の時代」については、ほとんどカットしています。まるでつくり話のように、全部、取ってあるのです。これは由々《ゆゆ》しき事態であると私は思います。

「神話を持っていない国家」というのは底が浅く、民族への誇《ほこ》りを失わせるものがあるのではないでしょうか。

例えば、アメリカ合衆国は比較的新しい国であるため、「建国神話」といえるほどのものがありませんし、現実に生きていた人のことしか分からないのでしょうが、「神話の時代があると、国の重みと厚みが全然違《ちが》う」ということを知ってほしいと思います。

その意味では、やはり神話のある地元が頑張《がんば》り、神話を護《まも》らなければいけません。そういう場所には、あちこちに神様の名前が付いた看板がかかっているお店や飲食店がありますが、「こんなものは、全部デタラメだ」と切って捨てた場合には、自分たちが拠《よ》って立つ足場がなくなると思ってよいでしょう。

「証拠《しょうこ》があるもの以外は信じない」という態度の、現在の歴史観

「自《みずか》らが、自らのつくった文明・文化を否定して、現在ただいまに証拠《しょうこ》があるもの以外は信じない」という態度け、非常に情けないことであると思います。

それは、どこかに占領《せんりょう》され、統治されたかのような歴史観でしょう。

もちろん、第二次大戦の敗戦以降、占領軍の意向で神話教育が廃止《はいし》されたのでしょうが、私の記憶《きおく》では、木造の家がほとんどであったころには、まだ各家庭に神棚《かみだな》がありました。小さな神棚であっても、天照大神《あまてらすおおみかみ》を祀《まつ》っていたと思います。

ところが、昭和四十年代に、鉄筋コンクリートや鉄骨の家に建て替《か》わってい

ったあたりから、神棚が消えていった記憶があります。昔は、どこの家でも神棚がありました。居間《いま》に行けば、神棚が必ずあったのですが、それが消えていったわけです。マンションなどの場合、風情《ふぜい》が合わなくなってくることもあるからでしょう。

私の実家を振《ふ》り返ってみると、小さな家でしたが、木造から鉄筋に建て替えたのは、一九七二年前後だったと思います。それ以前は、狭《せま》いながらも、居間で父親が座《すわ》る場所の後ろには、天照大神の神棚がありました。しかし、鉄筋に建て替わったときには、神棚はなくなっていました。設計の段階で、そういうものがなくなっていたのです。

ほかの家も、おそらく似たような状況《じょうきょう》ではないでしょうか。当時、仏壇《ぶつだん》を持っている方もいましたが、今は仏壇もだんだんなくなってきていると思います。

家が狭いことも理由の一つではあるのでしょうが、やはり、「歴史観」の影響《えいきょう》がかなり大きいと思うのです。

また、私の小学校時代には、図書館では挿絵《さしえ》付きの本で『古事記』などの物語を読むことができましたが、現代の子供たちが、それを読んでいるかどうかは非常に疑問です。

歴史の教科書を読むと、貝塚や石器、土器の話があり、次に古墳が出てきて、律令制国家まで来るわけですが、いかにも、「古代の日本人は原始人だった」という意識を植えつけるような内容です。

要するに、「証拠がないものは認めない」「非科学的なものは認めない」「霊《れい》のような非論理的なものは認めない」というわけです。それは、まるで「ガリレオ」（テレビドラマ）で聞いたような言葉です。

「学問とは言えない諸説」がまかり通っている日本の歴史

本章の話をするに当たり、当然ながら、『古事記』『日本書紀』に関連したものも読まなければいけないと思って、幾《いく》つか読んでみたのですが、学問とは言えないSFまがいの諸説がまかり通っていたので、少しあきれ返りました。

例えば、「天照大神が卑弥呼《ひみこ》だった」というぐらいなら、まだ〝かわいい〟ほうで、「神功皇后《じんぐうこうごう》だった」とか「天智天皇《てんじてんのう》だった」という説が出てくるのです。

さらには、「持統《じとう》天皇だった」という話まで出てきます。持統天皇の時代のあとぐらいに、『古事記』が成立していますから、「持統天皇を神格化するために、天照大神を創作した」というわけです。

●**天智天皇**（626～671）　第38代の天皇（在位668～671）。別名、中大兄《なかのおおえの》皇子《おうじ》。藤原鎌足《ふじわらのかまたり》の協力で蘇我氏を滅ぼし、皇太子として大化《たいか》の改新を断行した。

このように、日本の歴史が西暦《せいれき》七、八世紀ぐらいから始まったような書き方をしているものもあるので、驚《おどろ》きを禁じえませんでした。

それから、ＮＨＫブックスのある本を読んでいたら、「聖徳太子《しょうとくたいし》はいなかった」とはっきり書いてあったので、「〝すごい〟なあ。よくやるなあ」と驚きました。ＮＨＫを「国営放送」といわなくなっただけのことはあります。

聖徳太子の肖像画《しょうぞうが》が一万円札から消えたのが〝運の尽《つ》き〟で、肖像画が福沢諭吉《ふくざわゆきち》に替わると、あっという間にそうなったのです。神様をあまり信じておらず、「御神体《ごしんたい》の石ころを取り換《か》えても、罰《ばち》が当たらなかった」と言っていた福沢諭吉に替わったあとは、こんな状況になってしまったわけです。

しかし、聖徳太子ほど、実在した証拠がたくさんある人はめったにいないのです。聖徳太子については、妻や子供の名前、行《おこな》った仕事なども、全部、史料として遺《のこ》っていますし、「誰《だれ》の子供か」ということまで書いてあります。それで、「聖徳太子がいなかった」と述べているのですから、なかなか〝すごい〟です。「書いてあるものでも信じない」という時代に入っているわけです。

そこには、「古代にそんな立派な日本人がいてたまるか」という気持ちが入っています。「古代の人は野蛮《やばん》な原始人でなければいけない。古代に立派な国家があり、立派な人が出現しているのは許せない」と思って、戦後、「ずっと原始的だった民族が、第二次大戦の敗戦によって、やっと近代化して民主主義の国家になり、欧米並《おうべいな》みになった」という考え方を押《お》しつけようとしたのでしょう。

それに歴史学が見事に屈《くっ》しているわけですが、ここまで来ると、私もさすがに腹が立ってきます。

2　神代《かみよ》の時代の天皇たちは実在の人物

神話のなかにある「象徴的《しょうちょう》な意味」を受け取ることが大事

やはり、「民族の誇《ほこ》り」を失ってはいけないと思います。

その誇りは「歴史」にありますし、歴史のもとには「神話」がありますが、別に神話がおかしいわけではないのです。ギリシャであろうと、中東であろうと、インドであろうと、アフリカであろうと、歴史には神話の部分があるのです。

神話の部分は、年代が特定しにくいのですが、きちんと伝承があって成り立っているものです。もしかしたら、千年が「百年」になっていることもあるかもしれませんが、確かに、「ある人が存在して、何かを成した」という歴史であると思いますし、「人々の印象に、とても強く残る出来事があった」ということでしょう。

神話をそのとおりには受け取れないかもしれませんが、そのなかに書かれているものには象徴《しょうちょう》的な意味があるので、その意味合いを受け取ることが大事であるわけです。

例えば、昔から、「出雲大社《いずもたいしゃ》には、ものすごく高い社《やしろ》があった」という伝承があります。しかし、現在、遺《のこ》っているものがあまり高くないので、「これは神話だろう」と思われていたのですが、敷地《しきち》を掘《ほ》り起こしてみると、大きな柱の跡《あと》がたくさん出てきたのです。それから推測すると、社はものすごく高くなります。五十メートルぐらいの高さの社があったらしいのです。

神話には、「大和《やまと》政権に出雲地方の支配権を譲《ゆず》るけれども（国譲り）、『大国主命《おおくにぬしのみこと》の神殿《しんでん》だけは高いものをつくらせてくれ』というお願いをした」というようなことが書いてあるのですが、「それは本当だった」という証拠《しょうこ》が、実際にあとから出てきたわけです。

ですから、日本の神話をあまりバカにしてはいけないのです。

「語《かた》り部《べ》」によって正確に伝わってきている神話

また、日本人だけが、記憶力《きおくりょく》が悪いわけではないでしょう。

例えば、インドの神話は、ほとんど書き物ではなく、口承《こうしょう》や口伝《くでん》によるものです。インド人は何千年もの歴史をずっと暗唱し続けていて、それが伝わってきているのですが、意外に正確に伝わってきています。彼らの頭のなかにすべてが入っていて、口《くち》で伝えているわけです。

『古事記《こじき》』がつくられたときも、「稗田阿礼《ひえだのあれ》が口承した」、つまり「口で伝えた」と言われていますが、そういう「語り部《かたりべ》」によって伝えられてきたものでも、意外に昔の人は正確に物語を暗記できるので、それほどバカにしたものではないと私は思います。

したがって、神代《かみよ》の時代を全部否定することには、やはり問題があるでしょう。

今、明らかになってきつつある「神武《じんむ》天皇の実在」

私も現代の左翼《さよく》系の歴史教科書で勉強し、受験をしてきたため、以前、『黄金の法』（初版一九八七年刊）に、「神武《じんむ》天皇は、学問的には実在が疑われている」と書いて、神武天皇以前については語らなかったことがありました。

そのため、幸福の科学の初期のころには、「大川先生の書いている本はすべて正しいと思うが、神武天皇以前を疑って認めていないところが納得《なっとく》できない。これだけは認められないので、入会ができない」などと言って、入会せずに頑《がん》張《ば》っている八十代の男性がいましたが、彼は正しかったのかもしれません。私の勉強が少し足りなかったのでしょう。

しかし、今、神武天皇について、だんだん明らかになってきつつあります(『神武天皇は実在した』〔幸福の科学出版刊〕参照)。それ以前の歴史も明らかになり、神武天皇が実在したことが分かってきつつあるのです。

「私は神武《じんむ》天皇とは違《ちが》う」と言ってきた崇神《すじん》天皇の霊《れい》

今、古代の日本史では、「神武《じんむ》天皇が初代天皇である」と言われています。ただ、「日向《ひゅうが》の地から東征《とうせい》して大和まで入った」といっても、距離《きょり》があるためになかなか信じがたい人が多いのは事実でしょう。

「この国を初めて司《つかさど》った天皇」という別名を持っているのは神武天皇ですが、もう一人同じ別名を持っている天皇が、第十代の●崇神《すじん》天皇です。そのため、

●**崇神天皇**　『古事記』『日本書紀』に第10代と伝えられる天皇。疫病《えきびょう》を鎮《しず》めるために、神鏡霊剣《しんきょうれいけん》(三種の神器の八咫鏡《やたのかがみ》と草薙剣《くさなぎのつるぎ》と思われる)を倭笠縫《やまとのかさぬいの》邑《むら》に移し、天照大神を祀ったといわれる。

「実際は、崇神天皇が神武天皇であろう」という意見もあります。そうすると、天皇の歴史が十代ぐらい後ろに下がるわけです。

ところが、昨夜、宿泊《しゅくはく》したホテルに崇神天皇の御魂《みたま》が出てきて、私のほうに、

「私は神武天皇とは違《ちが》います」と言ってきました。

「神武天皇はこの地（宮崎《みやざき》県）で生まれられ、東征されました。私は奈良《なら》の地、大和《やまと》のほうで生まれました。だから、別の存在です。『初めて国を治めた天皇』といっても、意味が違うのです。『東征して大和朝廷《ちょうてい》を開いた』という意味と、『大和朝廷のなかで、さらに国の体制をかっちりとさせた』という意味があるのです。そのため、そういう尊称《そんしょう》で言われているだけなので、神武天皇と同一人物ではありません」ということをはっきり述べてきたのです。

さらに、翌朝にも、崇神天皇はコンファメーション（確認）するために、も

う一回出てきて、「私は神武天皇とは違います」と言っていました。
このように、学者は別な人を同一人物にしますので、気をつけなければいけないと思います。

神託《しんたく》によって「三韓征伐《さんかんせいばつ》」を行った神功皇后《じんぐうこうごう》

それから、「●神功皇后《じんぐうこうごう》が卑弥呼《ひみこ》であり、さらに天照大神《あまてらすおおみかみ》である」というような説もあります。そこには、「歴史をできるだけ短くしたい。浅くしたい」という考え方が明らかに出ていますし、基本的に、「神話の時代は古い」ということを意味していると思います。

神功皇后は、もともと仲哀《ちゅうあい》天皇の皇后です。当時、いちおう大和朝廷ができ

●**神功皇后（3～4世紀頃）**　日本の第14代天皇・仲哀天皇妃で、応神天皇の母。神託《しんたく》に従って身重《みおも》の体で半島に進出し、新羅を征服、百済《くだら》と高句麗《こうくり》もこれに従った（三韓征伐）。帰国後、応神天皇を出産。69年間摂政《せっしょう》を務め、100歳まで生きたとも伝えられている。

ていたのですが、九州の熊襲《くまそ》に反乱が起きたので、仲哀天皇と神功皇后はそれを平定《へいてい》するために軍を出しました。しかし、そこへ行く途中《とちゅう》、神功皇后が、突如《とつじょ》、神がかってきたのです。

そのとき、●武内宿禰《たけのうちのすくね》という者が審神者《さにわ》（人に降りた神を判定する者）をして、「神がかってきた」と言っています。この人は不思議な人なのですが、大臣です。「五代ぐらいの天皇に仕えている」という怪《あや》しげな人なのです。

そして、この武内宿禰が仲哀天皇に対して、「神功皇后に神がかってきて、『熊襲を征伐《せいばつ》に行くのをやめて、新羅《しらぎ》のほうへ行きなさい』と言っているので、そちらのほうに行きましょうか」と訊《き》いたのですが、仲哀天皇は、「そんなことはない。熊襲を退治に行く予定だったので、当初の予定どおりにする。新羅のほうには行かないように」と言ったのです。すると、天皇のほうに神罰《しんばつ》が当

●武内宿禰　第8代・孝元《こうげん》天皇の曽孫《ひまご》。景行《けいこう》・成務《せいむ》・仲哀・応神・仁徳《にんとく》の5代にわたる天皇の大臣として仕え、神功皇后を助けて新羅出兵などに功績をあげ、300歳まで生きたなど、数々の伝説的な話が遺っている。

たって、コロッと死んでしまったそうです。

その後、神功皇后は神託《しんたく》どおりに、「三韓《さんかん》征伐」を行《おこな》っています。「征伐」と言うと、朝鮮《ちょうせん》半島の人は怒《おこ》るでしょうが、当時の言葉ですので、許してほしいと思います。

その時代、朝鮮半島は三つに分かれていたと思いますが、神功皇后はそちらのほうに行って勇猛《ゆうもう》果敢《かかん》に戦っています。そして、戦いの帰路で出産した子が応神《おうじん》天皇です。

このようなことが、日本の歴史書にはかなり具体的に出ていますので、神話とは言えないと私は思います。

また、「神の言葉には、それだけの重みがあった」ということです。「天皇であっても、神の言葉を降ろして語ったものについて違う解釈《かいしゃく》をしようとしたら、その場で死んでしまった」という話が遺っているわけです。

要するに、「神の言葉、『神の詔《みことのり》』とは、天皇よりも大事なものである」ということを知らなければならないと思います。

3　霊言《れいげん》は日本を護《まも》る「神の詔《みことのり》」

「神の詔《みことのり》」に当たる幸福の科学の霊言集《れいげんしゅう》

今、「神の詔《みことのり》」に当たるものは何かと言うと、幸福の科学の霊言集《れいげんしゅう》でしょう。天上界《てんじょうかい》の神々が今、〝詔〟を降ろしているのです。

ですから、「地上にいる人たちが考えて判断していることが最善だ」と思っているなら、問題があります。「神の詔」に反すると、天皇でも亡《な》くなってしまうぐらいですから、国会議員が集まって決めているぐらいであれば、神が許すわけがありません。

したがって、できるだけ、「神の言葉なるものは、どういうものか」ということを解釈《かいしゃく》して、正しく実行したほうがよいと私は思います。

例えば、二〇〇九年から、幸福の科学は一貫《いっかん》して、「国防の危機」を訴《うった》えています。いろいろな名前の神々が出てきて、「国防の危機」を訴えていますし、私はそのとおりに政党（幸福実現党）を立ち上げて活動してきています。

幸福実現党は、現実の政党勢力としてはまだ十分に機能していませんが、一定の政治勢力として意見を発信し、行動し、世の中を変えていく力にはなってきています。それによって、政治も、マスコミも変わってきていますし、いろいろなものの方向が変わろうとしているのです。

ただ、遅《おそ》いです。遅いと〝祟《たた》り〟が起きることがあるので、気をつけたほうがよいでしょう。現代の日本人は、「神の言葉を信じる民《たみ》か、信じない民であるか」を試《ため》されている面があるので、神の言葉を大事にしてほしいと思います。

中東にも、「モーセの十戒《じっかい》」があります。ただ、「モーセがシナイ山《さん》で十戒を授《さず》かり、神と契約《けいやく》をした」というのは、三千年も前の話で、その後、神との契約はありません。

ところが、日本ではいろいろな神が降りてきては、その都度《つど》、指導している話が出てきます。日本はそういう国であるわけです。

日本民族を滅《ほろ》ぼさないためには「霊性《れいせい》革命」が必要

今、霊言がたくさん出てきていますが、この「霊性《れいせい》革命」というのは、そうとうなものです。現実に、こうした霊的革命を認めさせてしまった場合、日本は本当に引っ繰《く》り返ります。実際に、思想によって、この日本を引っ繰り返そうとしているわけです。

それによって、まずは、「神がいるのは当たり前である」「死後に赴《おもむ》く霊の世界があるのは当たり前である」「この世は、『魂修行《たましいしゅぎょう》の場』として使わなければいけない。己《おのれ》の魂を向上させるために使わなければいけない。そういう考え方が当たり前である」ということを認めさせることになるわけです。「あの世がある」「霊界《れいかい》がある」ということを認めさせずに、神や仏への信仰《しんこう》が立つはずはないのです。

例えば、日本に仏教を移入した聖徳太子《しょうとくたいし》の存在そのものを否定することは、「日本に仏教が入ったことを認めたくない」という気持ちの表れの一つかもしれません。

ただ、人々が神々を忘れ去ったときには、その民族は滅《ほろ》びていきます。日本は今、その境目《さかいめ》に当たっているのです。人々が神々を忘れようとしている境目にあって、私は霊言集などを出し、「日本の神々の存在を忘れてはならない」ということを教えているわけです。

したがって、「政治的な考え方」や「教育上の考え方」「文化的な考え方」などを変え、神々を認め、受け入れなければ、この民族は生き残れないことになります。神話を否定すると、あっという間に、ほかの国に占領《せんりょう》・吸収されることがありえるのです。

孔子《こうし》や老子《ろうし》の時代よりも古い「神武《じんむ》天皇の東征《とうせい》」

私の霊言集等に出ているものを読めば、日本の神々は、「日本は約三千年の歴史を持っている」と繰り返し語っています。「天御中主神《あめのみなかぬしのかみ》は、三千年近い昔の神である」「神武《じんむ》天皇の登場は、二千六百数十年前、つまり二千七百年近い昔である」と言っています。

もし、二千七百年前に、神武天皇が宮崎《みやざき》県に生まれて東征《とうせい》したのであれば、「孔子《こうし》や老子《ろうし》の時代よりも古い」ということが言えるわけです。孔子や老子より前の時代になりますと、中国ではもはや神話の世界であり、まったく分からない状態に入っていきます。

それだけの歴史がある文明であれば、他の国から、「自分たちの文明によって、おたくの文明はできたのだ」ということを言われる筋合《すじあ》いはないわけです。

さらに、連綿と地上に降りられ、この国の歴史をつくってきた神々への尊崇《そんすう》の念を持っていれば、当然ながら、国を大切に思って、「この文化や伝統を守らなければいけない」という気持ちが起きてきます。

それを、私は申し上げておきたいと思うのです。

「高天原《たかまがはら》の統治者」の権能を与《あた》えられた天照大神《あまてらすおおみかみ》の秘密

私は、宮崎市内にある、天照大神《あまてらすおおみかみ》が生まれたとされている「みそぎ池」を見てきました。その池は、蓮《はす》の花と葉で九割ぐらいが覆《おお》われていましたが、少しインドを思わせるような風景でした。

この場所で、「伊邪那岐大神《いざなぎのおおかみ》が左目を洗ったときに生まれたのが天照大神、右目を洗ったときに生まれたのが月読命《つくよみのみこと》、鼻を洗ったときに生まれたのが須佐《すさ》之男命《のおのみこと》」とされています。この三貴神《さんきしん》が生まれたわけです。

もちろん、目を洗ったり、鼻を洗ったりして子供が生まれることについては、おかしく思われるかもしれませんが、これは一種の象徴《しょうちょう》でしょう。

「左」は女性を意味するものです。そのため、「天照大神は左目を洗ったときに生まれた」とされています。「右目を洗ったときに生まれた」「鼻を洗ったときに生まれた」などというのは、象徴的に解釈しなければいけない面がありますが、おそらく、「その地において産湯《うぶゆ》を使った」と考えてよいのではないかと思います。

そういう意味で、天照大神にあれほどの神格があることがまことに不思議です。天照大神は「初代の神」というかたちではなく、途中《とちゅう》で出てきているのに、「高天原《たかまがはら》の統治者としての権能を与《あた》えられた」ということになっているのです。

この秘密は、やがて明らかになってくるでしょう。

ただ、私ではない人がそれを説くかもしれませんし、この法話《ほうわ》も私がしないほうがよかったのかもしれません。法話の際、過去世《かこぜ》で宮崎県に生まれたことがある長女（大川咲也加《さやか》）を現地に連れてきていたのですが、いずれ、彼女が話をすると思います（注。過去の霊査《れいさ》により、大川咲也加の過去世の一人が天照大神であることが判明している）。

いずれにしても、神の威神力《いじんりき》を甘《あま》く見てはいけません。

最近、天照大神からの警告が幾《いく》つか出ていますが、かなり当たっています

(『天照大神の御教えを伝える』『天照大神のお怒《いか》りについて』〔共に幸福の科学出版刊〕参照)。怖《こわ》い予言もありますが、かなり当たっているので、バカにしてはいけません。神様は怖いですし、人間が増長や慢心《まんしん》をしてきたときには厳しい面があるのです。

4　神が人間に託《たく》された政治の理想とは

「神々の民主主義」から始まっている日本

今の政治学の本を読むと、「民主主義政治が万能《ばんのう》である。政治学は社会科学の一つとして、科学的にやるべきだ」という考えが蔓延《まんえん》しています。

ただ、歴史としては、西洋の民主主義はギリシャあたりから始まっているのかもしれませんが、ギリシャの民主主義の歴史よりも、日本の歴史のほうが長いのです。日本には神々が存在していましたし、高天原《たかまがはら》で神々が神評定《かみひょうじょう》をして物事を決定していたわけです。

要するに、日本は「神々の民主主義」から始まっているのです。「人間の民主主義」ではなく、「神々の民主主義」によって、どのように国を治めていくかを相談し、それを地上に降ろしていました。日本では、その仕組みが明らかに出てきているのです。

ところが、現在の民主主義は、必ずしもそういうものではなく、「人間の民主主義」になっています。その場合、「人間が民主主義的に決めることさえできれば、もう、神は要《い》らない。仏も要らない」という民主主義にもなりかねない危険性が、半分はあるでしょう。

もちろん、「神のある民主主義」もありますが、「神のない民主主義」も存在しています。現代の民主主義は、この両方の面を持っているわけです。

この世だけの結果平等を求める「神のない民主主義」

では、「神のない民主主義」とは、どういうところでしょうか。

例えば、「朝鮮《ちょうせん》民主主義人民共和国」とは、どこの国のことか分かるでしょうか。それは北朝鮮のことです。国名には「民主主義」と書いてあるのです。「中華《ちゅうか》人民共和国」も、いちおう民主主義を標榜《ひょうぼう》していると思いますが、私たちには、どこにも民主主義がないように見えます。

彼らにとって、民主主義とは、「結果平等の世界」です。「『貧しさの平等』を実現して結果平等にしてしまえば、民主主義になる」と考えているのです。

結局、結果平等の場合、この世だけの世界になっていくわけです。つまり、神仏のない民主主義は、この世だけの世界になり、この世だけの結果平等を求めていく方向に行きます。その結果、「成功した者や神仏に近い人を、すべて人間レベルに引きずり下ろして平等にしてしまう」というかたちになるのです。

これをやって喜ぶのは誰《だれ》でしょうか。それは明らかに悪魔《あくま》のほうです。悪魔が喜びます。

したがって、「人間の多数決だけしか残らない民主主義」というのは、悲しい民主主義だと思います。もちろん、人間がこの世的にいろいろなルールを決めても結構ですが、やはり、その奥《おく》にある「崇高《すうこう》なるものへの気持ち」を忘れずに政治を行うことが大事なのです。

「神からこの世を託《たく》されている」という人間の立場

民主主義においては、みんなで神の心を慮《おもんぱか》り、良心と良識で考えて道を決めていくことが大事です。「神様ならこう考えるだろう」という気持ちに合わせて、結論を出していくことが大事なのです。

それはどういうことかというと、「神様が政治を始められた思いは、いったいどこにあったのか」ということを考えればよいのです。

神が人々に対して、「あなたがたが、この世において『仏国土《ぶっこくど》ユートピア』、あるいは『神の国』をつくりなさい。この世を〝実験場《じっけんじょう》〟として与《あた》えるから、天国にあるような世界をこの世でつくってみなさい。その意味での〝権限〟を与えるから、やってみなさい」と託《たく》されていることを忘れてはいけないと思います。

つまり、初期のころにおいては、神が地上に出て、直接統治したり、指導力を発揮したりするけれども、その後、長い間、人間に任せながら、また革命のとき、時代が変わるときに、神の側《そば》近き方々が降りてきて、世の中を変えているわけです。

明治維新《いしん》や戦国時代にも、神近き人たちは出ていたかもしれませんし、律令《りつりょう》国家ができる前もそうだったかもしれません。いろいろな時代があるけれども、神近き人たちは、そういう国の変革期や国難のときには出てくるのです。ただ、それ以外のときには、普通《ふつう》は人々に任せて、この世を運営させていくわけです。

これが、政治の根源的な部分であると思うのです。

したがって、「人間の合意によってできた法律が万能で、それがすべてを支配する」という考えは、根本的な間違《まちが》いです。

例えば、「物理学者が法則をつくると、それに合わせて宇宙の法則がねじ曲がる」と思っているなら、大間違いであるわけです。

要するに、人間の頭で考えたことによって、根本的なものが変わりはしないのです。

民主主義政治の目的は「神の理想の実現」である

神が人々に地上を委《ゆだ》ねたのは、「多くの人々が幸福に生きていけるような素《す》晴《ば》らしい社会をつくりなさい」と願ったからです。

もちろん、それぞれの国があり、それぞれの国を護《まも》っておられる方がいると思いますが、「お互《たが》いに悪なる指導者が立っているときには、他国を侵略《しんりゃく》しないようにしましょう」という合意を取らなければならないでしょう。

今、中国や北朝鮮、そして韓国《かんこく》にも一部、問題があります。こういう国が日本の歴史認識に対して、「反省せよ」と言っていますが、その次には、「反省したなら、国を明け渡《わた》せ」と言ってくるので、認めるわけにはいかないのです。

やはり、日本は神々が統《す》べられた国であるので、その子孫《しそん》である現在の日本人は、それを護らなければいけません。日本を明け渡すわけにはいかないのです。中国の歴史家が論文を書いて、「沖縄《おきなわ》（琉球《りゅうきゅう》）は中国のものだ」と言っても、断じて渡してはならないのです。それは許せないことですし、バカバカしい話です。

「神がいない」と思っている人は、日本に対して、書き放題で言い放題だと思いますが、「国内法が国際法として海外にも通じる」と思っているなら、大変な間違いです。「中国が『ここまでが領土だ』と決めたら、中国のものになる」などということは通らないのです。

このあたりについては、きっちりしておきたいのです。「日本には神がいることを、お忘れなのではないでしょうか」と言っておきたいと思います。

本章では、「政治の根源にあるもの」について話をしましたが、それは「民主主義そのものが目的ではない」ということを知らなくてはなりません。

民主主義政治を通じてなそうとしていることは、「神の理想の実現」であり、「ユートピアの実現」であり、「最大多数の人々の幸福の実現」であるのです。

これを忘れて、「いかに貧しくても、悪くても、みんな結果平等である」「この世しかない」というような世界観を持つことが目的であるなら、その民主主義は、間違った民主主義であるのです。

また、そうした法律をつくるのなら、それは間違った法律でありますし、「神の掟《おきて》」を破るような法律をつくったときには反作用が来ます。その点を申し上げておきたいと思います。

第3章

日本建国の原点

二〇一三年十一月二十四日　説法《せっぽう》

奈良《なら》県・幸福の科学　橿原《かしはら》支部精舎《しょうじゃ》にて

1　「神道《しんとう》」と「仏教」の両方に関係の深い奈良《なら》

奈良《なら》の鹿《しか》には仏教的なルーツがある

本章では、「日本建国の原点」というテーマで述べていきます。

この章のもとになる説法《せっぽう》を行《おこな》ったのは、奈良《なら》県の橿原《かしはら》ですが、〝日本の右翼《うよく》の総本山《そうほんざん》〟というか、〝日本の保守本流の総本山〟に当たるところなので、興奮しました。橿原支部精舎《しょうじゃ》ではなく、橿原神宮《じんぐう》のほうで説法したほうがよかったのかもしれないという気がするぐらいです。

奈良には何度か行ったことがあるのですが、仕事では意外に回数が少なく、「奈良支部精舎での説法で一回と、街宣《がいせん》で一回」という程度でした（注。二〇〇八年四月六日に、奈良支部精舎にて「悟《さと》りの原点を求めて」と題して説法を行い、二〇〇九年八月十九日、第四十五回衆議院議員総選挙の際には、近鉄《きんてつ》奈良駅前で街頭演説を行った）。

ただ、私は決して奈良を軽《かろ》んじているわけではありません。私に代わって、東大寺《とうだいじ》で大仏《だいぶつ》が座《すわ》ってくださっているので（会場笑）、「そう急がなくても、まだ大丈夫《だいじょうぶ》」と思っているのです。

また、鹿《しか》も数多く繁殖《はんしょく》しており、境内《けいだい》を護《まも》ってくれているように感じます。

ちなみに、他県の人は知らないかもしれませんが、地元の人で、奈良に鹿がいる理由を知らない人はいないでしょう。

釈尊《しゃくそん》が成道《じょうどう》したあと、最初に説法をしたのはサールナートというところですが、そこには当時、つまり、二千数百年前には鹿がたくさんいたため、「鹿野《ろくや》苑《おん》」と漢訳されています。

また、近年は鹿がいなかったらしいのですが、今は、観光客が来るので、インドのほうも鹿を飼っている状態です。そういう意味で、奈良にも鹿がいるのでしょう（注。奈良公園に隣接《りんせつ》する春日《かすが》大社の神使《しんし》が鹿であることからも、鹿が保護されている）。

いずれにしても、釈尊が〝鹿《しか》の苑《その》〟で数人を相手に説法したところから仏教が始まっています。それが仏教における初転法輪《しょてんぽうりん》なのです。

私がこの章のもとになった説法を行った前日は、当会における初転法輪の記念日でしたが（注。一九八六年十一月二十三日に、日暮里《にっぽり》酒販《しゅはん》会館（現「初転

●**初転法輪**　仏陀が菩提樹《ぼだいじゅ》下《げ》で悟りを開いたのち、５人の比丘《びく》に対し初めて法を説いたこと。幸福の科学では、1986 年 11 月 23 日の初の説法日を記念し、毎年式典行事を行っている。

法輪記念館」）で八十数名の参加者を前に最初の説法を行った）、私が〝鹿の苑〟で説法することには意味があるのかもしれません。

なお、今回は、鹿にも、「よく頑張《がんば》っておる」と語りかけてはおきましたが（会場笑）。前に来たときには、鹿を見つけるのが少し大変だったのですが、久しぶりに行ってみたら、鹿が車道脇《わき》の通行人用の道を、平気でたくさん群れをなして歩いていたのです。「この周りは、〝鹿権《しかけん》〟、つまり、鹿の権力が増しているらしい」ということを感じました。彼らは危険を感じていないらしく、堂々と歩いていたので、あれだと、インドの牛並《な》みの偉《えら》さに見えます。鹿がすごく威張《いば》っている感じですが、彼らも人々から信仰《しんこう》を受けているのを感じているのかもしれません。

神と仏の両方が存在する地である橿原《かしはら》

さて、奈良・橿原《かしはら》では、いわゆる「神仏《しんぶつ》」というか、神《かみ》と仏《ほとけ》が両方いる感じがして、よいのです。神様もいるけれども大仏様もいるということで、「神と仏、どちらかにしてくれ」と言われても、「両方いるのでしかたがないではないですか」というところでしょう。

ただ、「神仏」を英語に訳すと、"God or Buddha《ゴッドオアブッダ》"ということになって、少しややこしくなります。"or"だと、「どちらか」という意味になるので、本当に困るのですが、"God and《アンド》 Buddha"とはならないので、難しいところです。

ともあれ、奈良は本当によいところだと思います。大仏もあるし、初代天皇である神武即位《じんむそくい》の場所でもあり、霊的《れいてき》には、日本の中心地帯と目《もく》されるところでしょう。

東京からの場合、今は若干《じゃっかん》、時間がかかりますが、リニアモーターカーを引く際には、東京から山梨《やまなし》を経由して名古屋《なごや》へ行き、次に三重《みえ》に入って、奈良のほうから大阪《おおさか》に抜《ぬ》けるようなルートがつくられるらしいので、場合によっては、もっと便利になるのではないでしょうか。橿原が再び日本の中心へと戻《もど》ってくる可能性もないわけではないと思っています。

奈良《なら》の大仏《だいぶつ》である毘盧遮那仏《びるしゃなぶつ》が表しているものとは

なお、「最近、幸福の科学に入った」という方もいるかもしれませんので、信者にとっては初歩的すぎますが、念のため申し上げておきましょう。

東大寺の大仏《だいぶつ》、すなわち、毘盧遮那仏《びるしゃなぶつ》として祀《まつ》られている仏は、人間としてインドに生まれ、八十年余りの生涯《しょうがい》を送った人間・釈迦《しゃか》とは違《ちが》います。あれは仏陀《ぶっだ》の「法身《ほっしん》」の部分であり、要するに、「法を説く部分」「教えの部分」をかたちに表したものなのです。

つまり、奈良《なら》の大仏である毘盧遮那仏は、「エル・カンターレ」です。あれはエル・カンターレの姿を表しているのです。その意味では、奈良は世界的にも非常に意味のある場所であり、私たちが建てなくても、千三百年近く前に、すでに建ててくれていたということかもしれません（会場笑）。

また、奈良の大仏は、当時の国家予算の二倍以上の費用で建てられたというのですから驚《おどろ》きであり、この信仰心はかなり篤《あつ》いと思います。

●エル・カンターレ　「うるわしき光の国・地球」を意味する御名《みな》を持つ、地球の至高神《しこうしん》。幸福の科学の信仰対象。仏教的には、仏陀の法身《ほっしん》である毘盧《びる》遮那仏《しゃなぶつ》に当たる存在。

今であれば、国家予算は百兆円ぐらいはありましょうから、二百兆円かけて大仏をつくったことになります。奈良の信者のみなさんは、二百兆円ぐらいのエル・カンターレの大仏をつくってくださるでしょうか（笑）。もちろん、そう簡単にはいかないと思いますが、「貧しいにもかかわらず、当時の人の信仰心がどれほど高かったか」がよく分かります。やはり、国家予算の二倍というのは普通《ふつう》ではありません。

例えば、秦《しん》の始皇帝《しこうてい》が万里《ばんり》の長城《ちょうじょう》をつくった際、あまりの税金の重さと労役《ろうえき》のきつさから、彼の死後、反乱がたくさん起きましたが、奈良の大仏も、国家予算の二倍以上の費用を使ってつくっているので、大変だったとは思います。

ただ、大仏建立《こんりゅう》によって、「日本に仏教がガチッと根付き、神仏習合《しんぶつしゅうごう》の国になった。そして、日本の国体ができた」ということが言えるのではないでしょうか。背骨《せぼね》が一本、パシッと通った感じがします。
その意味では、日本は非常に尊《とうと》い国なのです。

2　橿原《かしはら》の地で即位《そくい》して初代天皇となった神武《じんむ》天皇

戦後教育で消された日本の神話

橿原《かしはら》は、初代天皇である神武即位《じんむそくい》の場所と言われています。

なお、私は三十歳《さい》ごろに、『黄金の法』（前掲《ぜんけい》）などを書いたのですが、そのときには、若気《わかげ》の至りや勉強不足もあって、「（神武天皇は）現在、学問的には実在が疑われている」というようなことを書いたこともありました。

私も、戦後教育で洗脳された口ではありまして、戦前であれば、もう少しきちんと、いろいろなことを教えてもらえたと思うのですが、戦後は、神話部分が全部カットされていたのです。さらに、神話ではないとされる部分であっても、「証拠《しょうこ》がはっきりしないものについては、基本的には疑ってかかる」ということで、消していくような面がありました。そのため、「我ながら、受けた教育が足りなかった」とは感じています。要するに、小・中・高、さらには大学を通して、日本の成立についての正確な教育は受けていなかったのです。

その結果、勉強をし直さなければならなくなったものの、その後、数十年間、勉強を続けて、ようやく真実がはっきりと見えてきたと思います。

やはり、日本の戦後史の見直しと、海外から今、日本に迫《せま》っている「歴史認識を改めよ」という考えに対する打ち返しは、「真実の探究」から出発する以外に方法はないでしょう。

神武即位も伝説だと思われているものの、ここからが実在した人間としての天皇制の始まりであり、今上《きんじょう》天皇で百二十五代と言われているわけです。

神武については、詳《くわ》しく『古事記《こじき》』『日本書紀《にほんしょき》』等に書いてありますが、神武の次から八代の天皇については、業績というか、「どういうことをした」ということがあまり書かれておらず、名前ばかり並べてあるので（欠史八代《けっしはちだい》）、「これは数合わせをしたのではないか」など、いろいろと疑われることもあります。

また、その後の天皇についても疑うようなところもあるのです。要するに、『古事記』や『日本書紀』が編纂《へんさん》されるころまでの部分については、かなりの疑いがあって、「編纂した人たちが、自分たちの政権に都合《つごう》がいいようなかたちで神話をこしらえたのではないか」という、左翼《さよく》的な史観が、かなり強かったということでしょう。

日本の歴史書は外国の神話と比べて信用性がある

しかし、神話の部分を、そんなにバカにしてはいけないと思います。民族には、それぞれ神話があるのです。

『古事記』や『日本書紀』等は昔のものなので、現代のキチッとした学術的な本をいろいろ読んでいる人の目から見れば、少しつじつまが合わなかったり、合理性がなかったりするように見えることも書いてはあります。

しかし、諸外国の神話と比べてみたら、決して日本の歴史書がおかしいということはありません。諸外国の神話には、もっと目茶苦茶《めちゃくちゃ》な話がたくさん出てきます。それに比べると、日本の歴史書には極《きわ》めて真《ま》っ当《とう》なことが書いてあるのです。

もちろん、象徴《しょうちょう》的な部分もあろうかとは思いますが、それでも、諸外国の神話と比べれば、かなり真っ当ではありましょう。

例えば、ギリシャ神話のなかのゼウスの〝ご乱行《らんぎょう》〟などと比べると、かなりまともな歴史です。まともな方々が、この国を支配していたことが書かれているわけで、ある程度、信用性があると考えてよいのではないかと思っています。

しかも、人間の天皇としては、神武が初めてですが、「神武以前にも存在するのではないか」という説がかなり強いですし、霊界《れいかい》からの情報でもその説が強いのです。

正史《せいし》は、いろいろな各種の文書《もんじょ》を分析《ぶんせき》したり、それぞれの地方によってできていたものがあったので、それからつまみ出したりして編んでいったわけですが、それ以前のことについても、書かれたものはかなりあります。

神武以前の時代は神代《かみよ》に入りますが、そういうものを見ると、「天皇は（神武天皇を入れて）七十三代ぐらいあった」という説もかなり根強くありますし、「それ以上あった」という説もあるのです（注。『竹内文書《たけのうちもんじょ》』では、神武天皇から始まる皇室を「神倭朝《かむやまとちょう》」と呼び、その前に「不合朝《あえずちょう》七十三代（七十三代目が神武天皇）」、その前に「上古《じょうこ》二十五代（皇統《こうとう》二十五代）」、その前に「天神七《てんじんしち》代《だい》」があったとされる）。

それについては、これから徐々《じょじょ》に明らかにしていこうと考えているのですが、歴史が長いため、そう簡単ではないかもしれません。

ただ、日本の歴史について、もっともっと自信を持ってよいのではないかと私は思うのです。

記紀《きき》の編纂者《へんさんしゃ》は批評家精神を持っていた

なお、神武の即位年についてはよく分かりませんが、戦時中には、「皇紀《こうき》二六〇〇年（西暦《せいれき》一九四〇年）」などというように言っていました。要するに、あまり明確ではないものの、神武即位は、二千六百年か、二千七百年近い昔ではないかと推定されるのです。

ただ、多少、誤差はあるかもしれません。『日本書紀』では、「神武天皇は百二十七歳まで生きた」などと書いてありますが（注。『古事記』では、百三十七歳まで生きたとされる）、戸籍《こせき》がはっきりしていないので、「実際に何歳まで生きたか」は分からないところがあるでしょう。

しかし、親、兄弟、子孫《しそん》についてや、「こういうことをした」という業績が明確に書いてある場合は、多少脚色《きゃくしょく》があるにしても、「事実として、それに相当するものがあった」と考えるほうが正しいと思います。

しかも、そういう歴史書を書いた当時の人たちは、実際に話として聞いていた人たちであり、現代の人たちよりはるかによく記憶《きおく》していたでしょう。やはり、わずか五十年前、百年前の話をごまかして伝えることはできません。実在しない人を実在したように書き、天皇を何代も増やすなどということは、とてもではないけれども、通用しないと思います。ましてや、朝廷《ちょうてい》が編纂《へんさん》するということならば、当然、批判が出ます。

ところが、記紀《きき》には朝廷にとって都合の悪いこともたくさん書いてあるので、その意味では、そうとう正当性というか、信憑性《しんぴょう》はあると思います。書きたくはないような不利なことも、歴史上の出来事としてきちんと書いてあるからです。

あまり言いたくはないのですが、例えば、●日本武尊《やまとたけるのみこと》についてもそうでしょう。彼の双子《ふたご》の兄が、父である天皇に対して裏切り行為《こうい》を行《おこな》ったため、日本武尊が兄を誅殺《ちゅうさつ》したなどという恐《おそ》ろしい話も出ています。

また、そのあまりの怖《こわ》さに、父のほうが、「九州を攻《せ》めろ」「関東を攻めろ」と言って、彼を宮廷の側《そば》に置かないようにしていました。要するに、日本武尊が怖いので、外に回していたわけですが、これなども、リアリティーがありすぎますし、いかにもそれらしい話です。

そのように、少し都合の悪い話も出ていますので、「批評家精神」をきちん

●日本武尊　第12代・景行天皇の皇子として生まれる。九州の熊襲《くまそ》や中国地方を平定《へいてい》後、叔母の倭姫命《やまとひめのみこと》から草薙剣《くさなぎのつるぎ》と火打ち石を授かり、東国の蝦夷《えみし》討伐《とうばつ》に遠征し、平定したとされる。

と持った方たちが書いていると考えてよいのではないでしょうか。

全国的な朝廷《ちょうてい》のもとをつくろうとした神武《じんむ》天皇

明確には言えませんが、神武《じんむ》天皇が葬《ほうむ》られたのは、今の橿原神宮《じんぐう》があるあたりですので、約二千七百年近い歴史が、橿原神宮のもとになるところから始まったわけです。昔は、現在のようなものではなく、当会の橿原支部精舎《しょうじゃ》ぐらいだったかもしれませんが、そこで即位式を挙げたと思われます。

なお、邪馬台国《やまたいこく》については、「九州説」と「近畿《きんき》説」とが長らく争っているので、そのあたりでは異論があるでしょうが、書いてあるものを見るかぎりは、今の南九州、つまり、宮崎《みやざき》県あたりを中心に地場《じば》を張っていたと考えられるのです。宮崎から大分《おおいた》、熊本《くまもと》にかけて、あのあたりを中心に地場を張っていた大和《やまと》王朝が、奈良《なら》県のほう、すなわち、日本の中心部分を目指して東進したということは間違《まちが》いないでしょう。

また、「東征《とうせい》」というのは、言葉としてはっきりしているので、「東に向かった」ということは明らかだと思います。

こう考えることによって、今、縮められかかっている日本の歴史の長さが伸《の》びるのですが、いずれにしても、神武東征はあったと思います。

それまでは、各地にそれぞれの豪族《ごうぞく》を中心にした〝ミニ王朝〟がたくさんあったのでしょう。出雲《いずも》あたりにも強い王朝らしきものはありましたし、近畿にもあったと思いますが、全国的な朝廷《ちょうてい》のもとになるものをつくろうとしたのが、神武天皇であろうと考えられるのです。

海上交通が発達していた古代日本

さらに、「どのようにして東進したのか」と不思議に思われるかもしれませんが、当時は、すでに海上交通が非常に発達していました。いろいろ調べてみて、私も驚《おどろ》きましたが、神武は船でこちらに来ているのです。陸を伝《つた》って歩いてきたわけでも、馬に乗ってきたわけでもなくて、船で来ています。当時すでに、そういう軍用だけではなく、民間人の交流・交易のための海上交通が発達していたのです。

神武は、日向《ひゅうが》のあたりから九州を上がって、北九州まで行き、さらに山口のほうから、広島、岡山《おかやま》、神戸《こうべ》、大阪《おおさか》と、このあたりを回ってきています。

そして、和歌山《わかやま》のほうまで下りていき、紀伊《きい》半島をグルッと回って、三重《みえ》のほうにも行っていますが、その東の名古屋《なごや》のほうまで、今の宅配便よろしく、海の幸《さち》・山の幸を交換《こうかん》するルートがすでに出来上がっていて、船で移動していたようです。

ともかく、神武天皇も船で東進《とうしん》してきたことがはっきりしました。

私なども、「船で瀬戸内海《せとないかい》を渡《わた》る」というと、NHKの大河《たいが》ドラマを観《み》て

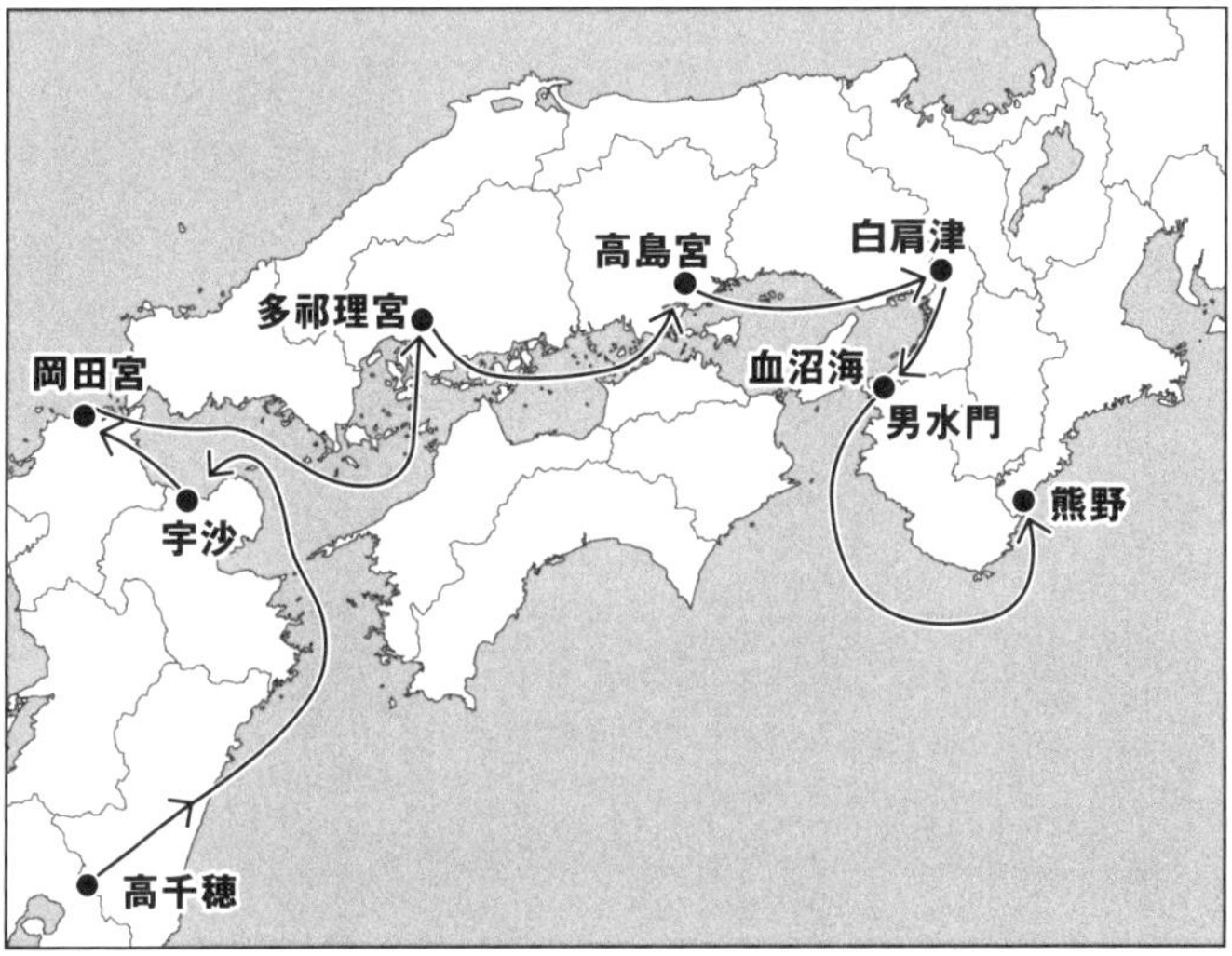

神武東征のルート（『古事記』による）

いたせいか、坂本龍馬《さかもとりょうま》の時代のような気がしてしまいます。彼は、瀬戸内海を船で渡って、鹿児島《かごしま》へ新婚《しんこん》旅行に行っているので、あの時代、つまり、一八〇〇年代でやっとそうなったような感じがするのです。しかし、実は、その二千年以前に船で移動していたということが、かなりはっきりと分かります。

しかも、海戦、要するに海での戦いまでしているのですから、これは非常に優秀《ゆうしゅう》でしょう。

世界初の海戦といわれる、ギリシャの●サラミスの海戦より、もっと古い時代に海戦が行われていたということが分かっています。

●**サラミスの海戦**　紀元前480年、エーゲ海のサラミス島付近で、ギリシャとペルシャとの間で行われた海戦。その後のヨーロッパ圏《けん》の命運を分けた重要な戦いとして、「世界三大海戦」の一つとされる。

神武《じんむ》東征《とうせい》の経過と戦《いくさ》のレベル

さて、船で東進してきた神武《じんむ》は、最初は西側から攻め入ろうとしたのですが、そのときには長髄彦《ながすねひこ》に〝ブロック〟されています。近畿地方のトップである王様（邇藝速日命《にぎはやひのみこと》）は別にいましたが、長髄彦が大将軍だったので、これにブロックされ、その際、神武の長兄《ちょうけい》の五瀬命《いつせのみこと》は流れ矢に当たり、命を失っているのです。

実は、神武は四人兄弟の四番目でした。当時、男四人で出陣《しゅつじん》し、ほかの兄弟は戦死して、四人目が生き残ったので、かなり激しい戦いだったことが分かります。要するに、皇位継承者《けいしょうしゃ》である上の三人が亡《な》くなって、一番下である神武

●**長髄彦**　大和地方の豪族の長。神武天皇の兄である五瀬命を撃退するも、後に神武天皇に敗れる。神武伝説中の最大の仇役《かたきやく》として後世にその名を遺した。

が生き残り、即位したというわけです。

さて、西側から攻めても勝てなかった神武は、紀伊水道《すいどう》を渡って三重のほうまで回ります。そして、三重の沖《おき》でも海戦を行い、これを制して三重から上陸し、伊勢《いせ》神宮がある方向から、大和の地を攻めました。

なぜ、そうしたかというと、「先の戦いで敗れた理由は、太陽に向かって戦ったことだ」と考えたからです。

当時、すでに天照大神《あまてらすおおみかみ》への信仰《しんこう》があったので、「お日様《ひさま》に向かって戦ったから負けたのだ」ということで、グルッと反対側へ回り、お日様を背中のほうにして戦ったら、今度は勝ちました。

「孫子《そんし》の兵法」にも、「太陽を背中にして戦え」と書いてありますが、当然ではありましょう。相手は眩《まぶ》しいので、太陽を背にしたほうが有利になるのは当然です。そのため、東に回って、三番のほうから攻め上《のぼ》り、この地へ来て、勝ちました。

なお、長髄彦については、「その戦いで戦死した」という説もあれば、「王様が降参したので責任を取って自決した」という説、あるいは、「殺された」という説もあります。一部には、「津軽《つがる》まで逃《に》げていった」という説まであり、ある津軽の歴史書（東日流外三郡誌《つがるそとさんぐんし》）には、「長髄彦の一族が津軽まで逃げてきた」と書いてあるので、諸説紛々《しょせつふんぷん》という状況《じょうきょう》ではあるのです。

また、神武の時代の戦い方としては、船も使いましたが、弓矢を使った戦い方もしていました。さらには、鏡のようになる盾《たて》も使っていたようです。金属製の盾を使って、太陽の光を反射させ、目眩《めくら》ましをしたりもしていたらしいのです。

当時の日本は、今、言われているように「縄文式《じょうもんしき》の土器しかつくれなかった」というレベルの時代ではなくて、中国の「項羽《こうう》と劉邦《りゅうほう》」の時代程度の戦《いくさ》が十分にできるぐらいのものはあったのではないかと考えられます。

3　日本文明のルーツを探《さぐ》る

日本自体が「世界遺産」そのものであり、世界の誇《ほこ》り

『古事記《こじき》』などには、神武《じんむ》以前に、「神世七代《かみよななよ》」というのが載《の》っていますし、さらに、それ以前もあるという説もあります。ともかく、日本には、神武以後で二千数百年近い歴史があると見ると、これは「統一王朝として、少なくとも二千七百年存在する」ということです。世界には、このようなところはありません。ありえないのです。

例えば、昔、ギリシャが栄えたといっても、ギリシャの王朝も滅《ほろ》びています。また、「永遠のローマ」と言われますが、ローマが栄えたといっても、ローマ帝国《ていこく》が東西に分裂《ぶんれつ》して、全部が消えるまで、千年ぐらいの歴史しかありません。「中国五千年の歴史」などと言っていますが、近年の二、三千年を見ただけでも、王朝はたくさん替《か》わっており、漢民族の王朝だけではないのです。異民族がかなり入ってきており、途中《とちゅう》で何回も入れ替わっています。モンゴル族にやられているときもあれば、満州《まんしゅう》族が支配しているときもあり、いろいろな異民族による支配は何度も起きているのです。漢民族の王朝としては途絶えていて、万世一系《ばんせいいっけい》のものではありません。

そのなかで、日本には「統一王朝が二千数百年の長きにわたって現在まである」というのは素晴《すば》らしいことで、これ自体が〝世界遺産そのもの〟だと、私は思います。

したがって、日本という国は、もっと自信を持たなければいけません。この国自体が「世界の誇《ほこ》り」であり、〝世界遺産そのもの〟であるわけです。

世界の国々の人たちは、あまりよく知らないだろうとは思うのですが、「二千七百年もの間、単独の朝廷《ちょうてい》が現代までずっと続いている」というようなことは、彼らにとって考えられないことでしょう。

「イギリスが日本と同じような古い国だった」といっても、ノルマン人が上陸したのが一〇六六年であり、それまではバイキング（海賊《かいぞく》）の時代だったということが分かっています。つまり、イギリスの歴史は千年しかないわけで、その点、日本のほうが歴史としてはずっと長いのです。

日本の先進性と、神々が降臨していることに自信と誇《ほこ》りを

また、古代についての歴史が遺《のこ》っていますが、これはすごいことです。今後、発掘《はっくつ》などがもっともっと進めば、いろいろな古代の技術が発見されたり、あるいは墳墓《ふんぼ》等が出てきたりするでしょう。そのなかには、現在考えられている以上に進んだものも、たくさん出てくると思うのです。

また、近年の発見では、稲作《いなさく》について、「中国から朝鮮《ちょうせん》半島を経由して入ってきたものだと思われていたが、逆に、二千年ぐらい前に、日本から韓国《かんこく》のほうに輸出され、あちらが教えられて、稲作ができるようになったのだ」ということが分かってきています。

意外に日本のほうが先進国だったということが、今、分かってきており、「自虐《じぎゃく》史観を、そうとう変えなければいけない」ということが、だんだんはっきりとしてきているのです。

さらに、天照大神《あまてらすおおみかみ》の故事を見ても、「機《はた》を織っていた」ということが出ていますす。要するに、二千七百年よりも前に、養蚕《ようさん》をして絹織物が織られていたわけで、これはすごいことでしょう。文明化はそうとう進んでいたと思われます。やはり、日本という国には、そうした先進性があり、神々が数多く降臨してきているということです。日本人は、この誇《ほこ》りをもっと伝えなければならないし、自信を持たなければいけません。

この日本には、天皇制を中心とした神代《かみよ》からの歴史があります。また、日本の神には、「民族神としての神」も存在しますが、この民族神のルーツを探《さぐ》っていくと、●ムー帝国のほうまでつながっていくことも見えてきています（『黄金の法』〔前掲《ぜんけい》〕、『最大幸福社会の実現——天照大神の緊急神示——』〔幸福の科学出版刊〕参照）。つまり、エル・カンターレの流れから、全部が流れてきているところまで、今、見えてきているのです。

日本の信仰《しんこう》形態というのも、決して、ローカルな、民族神的なものだけではありません。むしろ、もっと大きなものから流れてきており、西洋のギリシャ、あるいはローマに代わるべきものとして、存在してきたものです。

また、大陸のほうで数多くの王朝が興亡《こうぼう》を繰《く》り返しても、ここ日本は、ずっと保たれていたのだということが、明らかになってきているのです。

●**ムー帝国**　今から一万数千年前、太平洋上に存在し、のちに海中に没したといわれる幻の大陸文明。その最盛期には、地球神エル・カンターレの魂の分身の一人であるラ・ムーが降臨し、大王となり、神政《しんせい》一致の治世《ちせい》を行ったとされる。日本人はこの文明の末裔《まつえい》に当たると考えられる。

日本から世界に「新しい霊性《れいせい》文明」の発信を

そういう意味で、日本を中心として、世界に向けて「新しい霊性《れいせい》文明」の発信をするのは、とても大事なことでしょう。

今、世界の人々にとって大事なことは、「唯物論《ゆいぶつろん》に基《もと》づく科学文明の発達はあるけれども、そのままだと、人間は、自分自身がいったいどういう存在であるのかということを忘れる危機にある」ということを知ることです。

例えば、「自分自身の肉体に魂《たましい》が宿っており、実在界《じつざいかい》（あの世）とこの世を行ったり来たりしながら、魂修行《しゅぎょう》をしている」ということなど、昔の人であればみな知っていました。ところが、そうしたことを忘れ去って、この世のものだけが豊富になったり、便利になったりしているわけです。それだけでは人間として本当に進歩したと言えるのか、非常に疑わしい部分があるでしょう。「自分を機械と同じように扱《あつか》って、喜ぶ人間」というのは非常に悲しい存在だと思います。やはり、精神性、霊性が低いと言わざるをえません。

「人間には、自分自身にも、他の人にも、そのなかに尊《とうと》いもの、つまり、神の一部としての尊い光が宿っている」ということが分からないのは悲しいことだと思います。それは、「そこまで心が曇《くも》っている」ということですが、この曇りを晴らしたら、見えてくるものがあるわけです。

やはり、そうして見えてくる、人間としての本来のあり方をきちんと持って、この世で生きるべきでしょう。それから、「あの世の世界が実在の世界であり、そちらにしっかりと還《かえ》れるような生き方を、この世でしなければならない」ということです。

また、「神様・仏様は、あの世に還ると消滅《しょうめつ》してしまい、二度とこの世に還ってこないような存在ではないのだ。この世において人々を導いたような立派な人たちは、あの世に還っても、きちんと地上の人々を指導しているのだ」ということを知っていただきたいと思います。

簡単なことではありますが、宗教の根本《こんぽん》の部分は、こういうところにあるわけです。

初転法輪《しょてんぽうりん》記念日の朝に見た夢とは

ちなみに、この章のもとになる説法《せっぽう》をした前日（二〇一三年十一月二十三日)、つまり、初転法輪《しょてんぽうりん》記念日の朝の二時台に夢を見ました。

初めに見た夢なのですが、ちょっとした丘《おか》があり、それは甘樫丘《あまかしのおか》のようにも見えるし、エルサレムの丘のようにも見えます。その丘を歩いている人物がいるのですが、それはイエス・キリストであり、彼が肉体を持って歩いていたわけです。

そして、「丘の坂道を上《のぼ》っているイエス・キリストの肉体に、霊体《れいたい》の私がスーッと入っていく」ということを実体験しました。「イエスが私に入った」ということではなく、「私がイエスに入る」という夢を見たわけです。

そのあと、丘の上に上がったときに、男性の弟子《でし》が二人と、女性の弟子が二人おり、全部で四人いました。それが誰《だれ》だったのかは、はっきりと思い出せないのですが、見知った顔で、その四人に何か話をしているという夢です。その

●甘樫丘　奈良県高市《たかいち》郡明日香《あすか》村にある標高148mの小高い丘陵《きゅうりょう》。大和三山《さんざん》や飛鳥《あすか》地域を一望できる場所として、『日本書紀』『万葉集』などにも取り上げられている。

あとで、目が覚めました。

そこは、甘樫丘に少し似てはいましたが、エルサレムの丘だったかもしれません。イエスに霊体として入っていったところを夢で見たわけですが、要するに、そのような霊的体験を思い出したということでしょう。

ちょうど初転法輪祭がありましたので、あるいは、海外で祈《いの》っている人たちの声が届いて、そのような夢を見たのかもしれません。

いずれにしても、「天上界《てんじょうかい》にいて、この世を指導する」ということは現実にあるということです。それを述べておきたいと思います。

神仏《かみほとけ》の中心地から「神仏の存在」を訴《うった》えよう

「神様・仏様は存在するのだ」ということを、奈良《なら》のように、神仏《かみほとけ》が両方とも存在しているところの人々は、言い続けなければいけないでしょう。やはり、霊的な本質についての哲学《てつがく》を発信し続けていくべきであり、そういう意味で、霊的な基盤《きばん》としての、日本の中心にならなければいけません。

ちなみに、今年、私は伊勢神宮《いせじんぐう》に参拝《さんぱい》に行ってきたのですが（本書第1章参照）、ここから見て、きちんと太陽の昇《のぼ》る側《がわ》のほうにつくられていました。伊勢神宮をおつくりになったのは、倭姫《やまとひめ》という方ですが、天照大神の魂のきょうだいのお一人であると聞いています（『伊邪那岐《いざなぎ》・伊邪那美《いざなみ》の秘密に迫《せま》る』（幸福の科学出版刊〕参照)。倭姫がおつくりになった伊勢神宮は、あれだけの大きな境内《けいだい》を持っているわけですが、境内を見れば、神様の大きさはだいたい分かるでしょう。

「日本の〝へそ〟に当たる部分で、日本を守っておられる」ということであり、「こちらの方向を照らしておられた」ということだと思うのです。

歴史的に見ても、日本は中国に説教できる立場にある

日本人は、もっと自信を持たなければいけません。

私は、いろいろな古文献《こぶんけん》を読んでいたのですが、そのなかには、卑弥呼《ひみこ》が出てくる『魏志倭人伝《ぎしわじんでん》』があります。その漢文で書いてあるものを見ると、「卑

弥呼」の「卑《ひ》」という字には、「卑《いや》しい」という字を使っています。また、「卑しい」という字を、文中に何度も何度も使っています。

さらに、「倭国《わこく》」の「倭《わ》」という字は、「小人《こびと》」という意味でしょう。

中国は、そのようなバカにした言葉を、二千年前もしっかりと使っているのです。

国柄《くにがら》は変わらないもので、今と同じく、「自分のところを持ち上げて、ほかの国をバカにする」というような文化ですが、はっきり言って、それは大した文化ではありません。少なくとも一流ではないのです。率直《そっちょく》に言って、これでは〝田舎者《いなかもん》〟であり、都会の人は、普通《ふつう》はこのようなことはしません。

他人《ひと》をバカにして、「田舎者だ」と言い、自分たちのほうについては「偉《えら》いぞ」とか、「都会人である」とか、「金持ちだ」とか言うのは、もってのほかです。これは、二流以下でしょう。

そういう、人をバカにするような言葉を正式な文書に書くなどということは、基本的にはしてはいけません。

日本は、そのようなことはあまりしない国なので、文化的には、こちらのほうが上であるわけです。

やはり、日本のほうが「説教をできる立場にある」ということを、はっきりと実証してみせなければいけないと思います。

第4章

質疑応答

1 神道《しんとう》に従事する人々へのメッセージ

〔二〇一三年四月二十一日　三重《みえ》県・幸福の科学 伊勢《いせ》支部精舎《しょうじゃ》にて〕

Q1

私は、皇學館《こうがっかん》大学の准《じゅん》教授として日本の伝統文化を教えており、現代の若者たちに大和魂《やまとだましい》を伝え、女性であれば大和撫子《なでしこ》になるように心掛《こころが》けて教育をさせていただいています。

伊勢《いせ》では、神道《しんとう》に従事する神職《しんしょく》の方々や神道を旨《むね》とする人々も多くいますが、そうした方々に、エル・カンターレ信仰《しんこう》へつながるよきメッセージを頂けたらと思います。

幸福の科学は神社やお寺にもよく知られている

大川隆法　神社関係の人たちも、けっこう私の著書を読んでくれており、幸福の科学の信者《しんじゃ》が献本《けんぽん》に行くと、「この本はもう読んでいます」と言われて、「あっ、そうですか」となることがずいぶん多いようです（笑）。

二十年余り前に、私が伊勢神宮《じんぐう》へお参りに行ったときには、雅楽《ががく》を奏《かな》でる人たちのなかに、すでに当会の信者がいて、なかを案内してくれました。また、その人の仲間も、みな、私のことを知っていて、「おお、あれが大川隆法先生か」といった感じで、ワァーッと声が上がるような状況《じょうきょう》だったのです。

なお、案内してもらっていても、わりに抵抗《ていこう》はなく、受付のあたりにいた役職の高そうな男性も、「たいへんご隆昌《りゅうしょう》で」という感じで挨拶《あいさつ》をしてくれました。こちらのことをよく知っていたらしいので、神社系統でも、私の著書をかなり読んでくれているようです。

さらに、昔、福井《ふくい》県の永平寺《えいへいじ》に行ったときにも、同じようなことがありました。曹洞《そうとう》宗の大本山《だいほんざん》である永平寺には、いろいろなお寺から雲水《うんすい》風に修行《しゅぎょう》をしに来ている子弟《してい》を中心に、二百人ぐらいいたと思いますが、そこに当会の三帰《さんき》信者もいて、案内してくれたのです。周りからは、「来たか」と言っている感じの声がワァーッと上がって、みな、こちらを見ているような状況でした。

そのように、何とも言えない雰囲気《ふんいき》ながら、当会は、神社やお寺と共存しているような状態です。

日本の源流は「ムー帝国《ていこく》」にある

　さて、日本神道の特色のなかで、彼らに勇気を与《あた》えるようなことがあるとすれば、その源流のところでしょう。

　通常、日本人は、日本を中心にした世界地図を見ているので、ここが世界の中心のように考えているかもしれません。しかし、ロシアや中国の地図を見たら、日本というのは〝隅《すみ》っこ〟のほうで、何か邪魔《じゃま》をするように、へばり付いている感じなのだと思います。

　つまり、カリフォルニア半島の切れっ端《ぱし》のような小さな国が、ロシアや中国が太平洋へ出入《ではい》りするのを邪魔しているように見えるわけです。「日本は、実に小《こ》うるさく、強く、悩《なや》ましい国だ。これさえなければ、自由に、いろいろなところへ行けるのに」という感じに見えていることでしょう。

ただ、日本に神々が集《つど》われている理由としては、「この国の源流に、直前のムー帝国《ていこく》の文化があるからだ」と思います。

ムー帝国が海中に没《ぼっ》したあと、その文化を継承《けいしょう》させるべく、アジアの地のいろいろなところが開拓《かいたく》されているのですが、ムーの流れが今いちばん強く結集して出ているのは、この日本という国でしょう。これが、日本の文明の高さの理由です。

それは中国と比べてみても分かります。あの国の人口が「十三億人」というのは嘘《うそ》で、おそらく十四億人に近いと思われますが、中国は、人口一億二千万人余りの日本にGDP（国内総生産）でやっと追いついて、「とうとう追い越《こ》した」と言っているわけです（説法当時）。

ところが、中国人が日本に来たら、日本人はそんなに働いているようには見えません。それなのに、なぜか、中国の十分の一の人数で豊かに暮らしています。これは信じられないことだろうと思うのです。

さらに、彼らの歴史観から見れば、「日本は悪いことばかりした悪党どもの塊《かたまり》のような国」であるにもかかわらず、それが繁栄《はんえい》しています。原爆《げんばく》を落とされても、まだ繁栄しているという、このしぶとさは、何とも言えないでしょう。

その上、「日本は悪魔の国だ」と思って自信満々で原爆を落としたアメリカも、日本と友人になってしまって、その後は互恵《ごけい》関係で発展しています。

要するに、日本は、「柔《やわら》」のように攻撃《こうげき》も防御《ぼうぎょ》もしていく、不思議な不思議な国だと思うのです。

明治維新《いしん》以前から文化的高みを持つ日本

その理由の一つは、それだけ精神性の高い人たちが、連綿と生まれ続けているということだと思います。

例えば、二〇一二年に「天地明察《てんちめいさつ》」という映画が公開されましたが、これは江戸《えど》時代に、本職は碁《ご》打ちだった人が暦《こよみ》をつくる話でした。天文《てんもん》を見ながら全国を測量したり、「日食《にっしょく》が起きるか、起きないか」といったことを観測したりしながら、当時、中国から伝わった三つの暦が正しいか正しくないかをチェックし、まったく新しい暦をつくるわけです。

その映画には、主人公の知人として、数学者の関孝和《せきたかかず》が出てくるのですが、この人は江戸時代の日本で、いわゆる微分《びぶん》・積分《せきぶん》に当たるようなものを、独自につくっていたと言われています。これは、世界的に見て、そうとうすごいことでしょう。

それを考えると、日本は、明治維新《いしん》からあとに文明開化したわけでも、第二次世界大戦で敗北してからあとに発展したわけでもないことが分かります。江戸時代であっても、日本人はそうとうな高みを持っていたということです。

また、それ以前の関ヶ原《せきはら》の大戦では、東西合わせて約二十万人もの大軍が戦っています。これは、「当時、世界最大の戦争だろう」と言われているし、そのときに使われた鉄砲《てっぽう》の数も、世界最多だったらしいのです。つまり、世界最強の軍隊が東西に分かれて、日本でぶつかっているわけです。

●関孝和（1642～1708）　江戸初期の数学者。世界で最も早く行列式の概念《がいねん》を提案。また、暦《こよみ》の作成に際し、正131072角形から円周率を小数第11位まで算出するなど、「和算《わさん》」の発展に大きく貢献《こうけん》した。主著『発微算法《はつびさんぽう》』等。

さらに、平安時代の文化のレベル等についても、おそらく世界最高級のものであったと思います。

古代の日本では宇宙との交流があった？

なお、奈良《なら》時代以前の古代に関しては、埴輪《はにわ》と古墳《こふん》以外は何もないと思っている人も多いかもしれませんが、「実際は、高度な文化があった」ということを、いずれ何らかのかたちで証明できるのではないかと思っています。古代には、そうとう優《すぐ》れた神々が来ているのです。

例えば、天照大神《あまてらすおおみかみ》に関する話のなかでも、「天磐船《あめのいわふね》が降りてきた」という、実に興味深い記述が文書に出てきます。これは、「ＵＦＯ」と見てもいいような不思議な書き方で、当会のように、「宇宙人リーディング」をしていると非常に興味をそそられますが、「かつての日本では、宇宙との交流をしていた時期もあったのではないか」と思われる面があるわけです。そうした「ミステリー」を考えると、いろいろと出てきそうで、実に面白《おもしろ》いところがあると思います。

少なくとも、今、常識として固まった考えを引っ繰《く》り返していかなければ、未知の部分を次々と開拓していくことはできません。私は、未知なるものや疑いを持たれているものを、一つひとつ蓋《ふた》を開《あ》けて調べていくことこそ、「科学」だと思っています。つまり、「幸福の科学」の名前に偽《いつわ》りがあるわけではなくて、本当に「科学」であると思っているのです。

やはり、「霊界《れいかい》を見たことがないから信じないし、調べもしないし、嘘だと思う」というのは、科学的態度ではないでしょう。「未知なるものは、しっかりと調べる。神が本当に存在するかどうかを調べていく」ということも「科学」であり、決して恥《は》じることはありません。

これから本当の「日本の時代」がやってくる

いずれにせよ、日本には、優れた神々が数多く降りたと思いますが、今後、もし日本が衰退《すいたい》していくことになれば、神々は行き先をまた探さなければならないわけです。

例えば、中南米のように、一度、文明が滅《ほろ》びたような場所がありますが、そういうところには、かつて神々がいたとしても、きっと、今はもう散ってしまって、いないでしょう。

あるいは、古代エジプトも、クレオパトラの代で最後になるまでは、ずいぶん長く続きました。おそらく、昔は巨大霊界《きーだい》があり、多くの神々がいたはずですが、それも今はヨーロッパやいろいろなところに散っていると思います。文明が滅びると、そのようになるわけです。

ただ、私は、「まだ本当の日本の時代は来ていない」と思っています。これから最後の仕上げをし、本当の日本の時代が到来《とうらい》するのではないでしょうか。世界の歴史は、われわれが書き換《か》えていかなければならないと思っています。

2 日本神道系《しんとう》の神々の豊かさとは

〔二〇一三年十一月二十四日　奈良《なら》県・幸福の科学 橿原《かしはら》支部精舎《しょうじゃ》にて〕

Q2

私は今、高校で教員をしていますが、生徒と接していると、本当に、「自虐史観《じぎゃく》」を何とかしたいという思いが出てきます。

本来、日本神道《しんとう》系の神々は非常に豊かであり、また、アンドリュー・カーネギーやジョン・ロックフェラーも、過去、日本に転《てん》生《しょう》されたことがあるというお話も伺《うかが》っています。

そこで、「日本神道系の神々の豊かさ」について、お教えください。

●カーネギー、ロックフェラーの転生輪廻《りんね》　以前、カーネギーとロックフェラーの霊言を収録したところ、ともに、過去世において日本に転生輪廻していたことが明らかになった（『アンドリュー・カーネギーの霊言』『ジョン・ロックフェラーの霊訓』〔共に宗教法人幸福の科学刊〕参照）。

日本には「人類史の宝庫」のような部分がある

大川隆法　少なくとも、分かっている範囲《はんい》内の二千数百年という長い歴史を見ても、また、中国あたりから「ジパング」といわれ、金《きん》がたくさんあるように言われていたことなどを見ても、日本がかなり「富んだ国」であるということは知られていたのではないかと思います。

海の幸《さち》・山の幸に恵《めぐ》まれ、全体的には豊かな国だったのではないかと思われますし、私たちが自分たちを小さく考えるのとは反対に、だいぶ昔にも、今考えている以上に、そうとう発展していた部分があったのも事実です。

それから、世界的に見ても、いろいろなところで活躍《かつやく》したような人が転生《てんしょう》の地として日本を選んで出てきているのは、「魂《たましい》の修行《しゅぎょう》の場として意味がある」ということでしょう。

日本には、戦国時代のような殺し合いの時代もあり、それは悲惨《ひさん》な時代であったかとも思いますが、十五、六世紀当時では、世界的に見れば、最大規模の決戦として、東軍・西軍双方《そうほう》とも約十万人ずつの軍隊が大砲《たいほう》や銃器《じゅうき》まで用いて戦ったという意味では、やはり、世界の最先端《さいせんたん》に近かったと言えます。つまり、ヨーロッパよりも進んでいた可能性が高いわけです。

鉄砲《てっぽう》はヨーロッパから輸入したものですが、日本の鉄砲職人たちがそれをまねて、どんどんつくるようになりました。何千丁《ちょう》もつくれるようになっていたので、そうとう進んでいたと言えます。

また、大坂城《おおさかじょう》のようなものでさえ建ててしまうわけですから、たいへんな築《ちく》城《じょう》能力を持っていました。これは、建築能力も高かったことを示しており、近代数学がなくても、ああいうものを建てることができたということでは、日本もバカにしたものではありません。江戸《えど》時代の関孝和《せきたかかず》という数学者は微分《びぶん》・積《せき》分《ぶん》のもとに当たるものを独自で発明していますし、●伊能忠敬《いのうただたか》による測量にも、すごいものがあります。

このように、「日本というのはものすごい国だ」と、私は思うのです。そのことが世界に知られていないだけであり、日本人は、自国の文化を、海外に対して十分に説明できないでいるのです。

司馬遼太郎《しばりょうたろう》ほどの歴史作家の本でさえ、最近になって、やっと十作品ぐらいが翻訳《ほんやく》されたという程度であり、そうした日本人の細《こま》かい歴史のようなものは、外国の人が読めないために、なかなか翻訳されずにいたわけです。

●伊能忠敬（1745～1818）　江戸中期の地理学者・測量家。50代から測量術や天文学等を学び、足かけ17年かけて全国を測量し、『大日本沿海輿地全《だいにほんえんかいよちぜん》図《ず》』を完成。日本史上初めて国土の正確な姿を明らかにした。

そのようなわけで、日本にある、「人類史のなかの宝庫」のような部分を、世界の人たちは、まだ知らないでいるのだと思います。

したがって、「日本が世界から尊敬される日」が、もうすぐ来ると思いますし、すでに来ているかもしれませんが、「日本に学ぼう」という気になったら、学ぶことはできるはずなのです。

今、建国からわずか二百年ぐらいの歴史しかない国（アメリカ）が、世界の覇権《はけん》国家になってはいますけれども、「それより前がない」というのは、やはり、非常に寂《さみ》しいものでしょう。古代には文明があったのかもしれませんが、探《さぐ》りようがありません。ヨーロッパも、昔についてはほとんど分からない状況《じょうきょう》です。そのため、イラクなどのあたりが威張《いば》っていたりするわけです。

また、エジプトも、〝クレオパトラ以前〟に大きな文明があったと言われてはいますが、それ以後は、やはり廃《すた》れています。

そういう意味で、私は、「ムー文明の正統の歴史」を、だんだん明らかにしていこうと考えています。それによって、「神の計画」の部分が出てくるでしょう。日本は大いに自信を持ってよいと思います。

「富」に関する教えがなかったキリスト教や仏教

これは、「豊かさ」という意味においては大事なことだと思うのです。

キリスト教では、イエス自身、生きていたときには「清貧《せいひん》の思想」を説いていましたし、新しくローマ法王になった方（フランシスコ）なども、そのようなことを言っているようです。

今、バチカンは、さまざまなスキャンダルをたくさん抱《かか》えていて、批判も強くなっています。そのため、信者からのバチカンへの寄付は、二〇〇六年には百億円ほどありましたが、二〇一二年には六十数億円にまで減ってきているのです。

これは、日本では中堅《ちゅうけん》教団の規模ぐらいになるでしょうが、人気が落ちたら末端の教会の収入も減り、そこからの奉納《ほうのう》も減ってくるということでしょう。

そういうわけで、今のローマ法王は、すごく質素《しっそ》であることを一生懸命《いっしょうけんめい》に強調しています。今日、私は電車に乗って来ましたが、彼も、「アルゼンチンにいたときは電車で通っていた」というようなことを強調したりしているので、やはり、厳しいものです。

それから、原始仏典《ぶってん》によれば、仏陀《ぶっだ》もかなり質素な暮らししかできなかったことが書かれています。

ただ、後世、大乗《だいじょう》仏教になってからは、いろいろな建物が建つようになり、一万人もの人を収容できると言われたナーランダ学院●という大学のようなものをつくったりして、仏教教団も経済規模が大きくはなっていっています。

「軍神《ぐんしん》」や「経済繁栄《はんえい》の神」を信仰《しんこう》する傾向《けいこう》にある日本

キリスト教であれ、仏教であれ、日本に入ってくるときには、一種の〝変質〟をしていると思います。

日本には、神について古代からの考え方があります。日本の神というのは、戦《いくさ》で勝つのです。したがって、神のかたちとしては、「軍神《ぐんしん》」のように戦に勝

●ナーランダ学院　５世紀、インド・グプタ朝の時代に創設された仏教の僧侶養成学院。最盛期には一万人もの学僧を集め、仏教教学を中心に、バラモン教の教学や哲学、医学、天文学、数学などを研究する、総合大学の様相を呈《てい》していたと伝わる。

利した神の数が非常に多くなっています。神武《じんむ》天皇もそうでしょうけれども、古代から、戦で勝った人が神になっているわけです。

また、近・現代であっても、●乃木《のぎ》将軍や●東郷平八郎《とうごうへいはちろう》も、ちゃんと神になっていますし、明治大帝《たいてい》のときも、ずっと戦に勝っていましたから、明治神宮《じんぐう》という大きな神社が建っています。

昭和帝も、ある程度、神格のある方だとは思うのですが、やはり、戦で負けたところがあるため、今のところ、「昭和神宮」が建つ雰囲気《ふんいき》はありません。

そういうことで、日本は、戦に勝った神を信仰《しんこう》していることが多いのです。

ただし、なかには、敗れた人を祀《まつ》ることもあります。

●菅原道真《すがわらのみちざね》が怨霊《おんりょう》になって京都を祟《たた》ったため、しかたなく天神《てんじん》様として祀られたようなこともありました。そのように、調伏《ちょうぶく》のために祀る場合もありますけ

●乃木希典《まれすけ》(1849~1912)　長府藩《ちょうふはん》出身の軍人。陸軍大将。日露戦争では第三軍司令官として旅順《りょじゅん》攻略を指揮。明治天皇の大葬《たいそう》の日に殉死《じゅんし》。

●東郷平八郎(1847~1934)　明治の海軍大将、元帥。薩摩藩士《さつまはんし》。維新後イギリスに留学。日露戦争で連合艦隊《かんたい》司令長官として日本海海戦を指揮、「T字戦法」でロシアのバルチック艦隊を破り日本を勝利に導いた。

れども、日本からすれば、外国の神にそういうところが多いように見えるようです。

いずれにせよ、日本には、「戦にきちんと勝ち、経済的に豊かにしてくれる神」を信じる傾向《けいこう》があるのです。こうしたものも、日本神道の流れのなかにあります。

日本は本来「信仰《しんこう》」と「繁栄《はんえい》」が結びついている国

例えば、「海幸彦《うみさちひこ》・山幸彦《やまさちひこ》」の神話がありますけれども、「『豊かさ』というのは、神が人類を愛しているとき、国民を愛しているときに現してくるものである。豊作《ほうさく》・凶作《きょうさく》というのは、神の御心《おこころ》の現れなのだ」というように見るわけ

●**菅原道真の祟り**　平安時代、藤原家との政争に敗れた菅原道真は九州・大《だ》宰府《ざいふ》に左遷《させん》され、失意のうちに亡くなる。その後、道真の左遷にかかわった藤原時平《ふじわらのときひら》をはじめとする関係者の変死・病死、旱魃《かんばつ》や疫病《えきびょう》、清涼殿《せいりょうでん》落雷事件などが相次ぎ、道真の祟りと恐れられた。

です。

また、日本には、「国民の心が荒《すさ》み、悪い状態の場合には凶作になったり、為政者《いせいしゃ》の政治が悪いと、天変地異が起き、いろいろな害が及《およ》んだりすることもある」というような考え方もあります。ですから、そういうところで反省を求めるような面もあるということです。

基本的に、日本の神は、戦においては「正義」を求め、「正しいものは勝たねばならん」と考え、さらには、「神の心に適《かな》っているならば、繁栄《はんえい》・発展していくのが当たり前だ」というように考えました。

そのため、キリスト教が五百年前に日本に入ってきてから、いろいろと伝道していても、信者数がなかなか一パーセントを超《こ》えません。

江戸時代、●新井白石《あらいはくせき》が、シドッチというキリスト教の宣教師を牢《ろう》で尋問《じんもん》し

●新井白石（1657～1725）　江戸時代前期から中期にかけての儒者《じゅしゃ》。将軍の補佐として、政治・言語・歴史等、多方面に才能を発揮。鎖国時、日本に密航したイタリア人宣教師・シドッチの取り調べを行ったときの経験をもとに、『采覧異言《さいらんいげん》』『西洋紀聞《きぶん》』を著《あらわ》した。

たときに、「髑髏《しゃれこうべ》の丘《おか》で十字架《じゅうじか》に架かって死んだ人を神と崇《あが》めている」と知りましたが、それは、日本においては〝祟り神〟になるようなかたちであるため、「それで神様と言えるのだろうか」という考えを持ちました。日本の神だったら、やはり、神武天皇のように勝たなければいけないので、「本当だろうか。日本人がそれをすべて信じるのは厳しいな」と、常識的なことを感じたようです。キリスト教が日本に流行《はや》らなかったのは、そういう面があったからでしょう。

もちろん、その霊的《れいてき》な意味としては、別途《べっと》、キリスト教側から言うべきことがあるとは思いますけれども、日本という国では、「正しいものは勝たねばならないし、神の心に適ったものは繁栄しなければならない」というような気持ちをもともと持っているわけです。

したがって、「それを邪魔《じゃま》するような、天変地異やその他、戦乱などが長く続くようなら、それは、国民の心が乱れているわけであり、やはり、正しい信《しん》仰《こう》に戻《もど》さなければいけない」ということで、何らかの反動が起きる国であるというように、私は思っています。

そういう意味では、これからは、「東洋のヘルメス●の繁栄」が世界を救うことになるでしょう。

「実力」と「自信」をつけて、世界に発信できる国へ

日本もとうとう、アメリカに意見が言えるところまで来つつあるので、うれしく思います。七十年前だったら、言いようもなかったでしょう。

●ヘルメス　一般にはギリシャ神話におけるオリンポス十二神の一柱とされているが、霊的真実としては、4300年前、「愛」と「発展」の教えを説いた宗教家にして、貨幣《かへい》経済や国家間貿易の仕組みを発明し、地中海に一大繁栄圏を築き、西洋文明の源流となった実在の英雄。エル・カンターレの分身の一人。

「トウモロコシのカスを下さい。ドッグフードを下さい。何でもいいです」というようなことは悔《くや》しいことだったでしょうが、犬の餌《えさ》だろうが、牛の餌だろうが、何でもいいから食糧《しょくりょう》になるものを求めたのが、七十年前の日本でした。

しかし、今では、オバマ氏が登場したときに、「経済的に失敗するだろう」と私から発信ができ、その後、そのとおりになっているなど、こちらのほうが〝見える〟ようになってきている段階です（『朝の来ない夜はない』『日本の繁栄は、絶対に揺《ゆ》るがない』〔共に幸福の科学出版刊〕参照）。

また、これから中国が経済的に破局を迎《むか》えようとしているようなことは、日本はすでに一九九〇年代に経験していることなので、よく見えています。

そういう意味では、日本は先進国になってきているわけです。したがって、いずれは、「どうしたらよいか」ということを、すべて日本に訊《き》かなければいけないようになってくるでしょう。

今、けっこういいところまで来ていると思うのです。もう一段、国に、「実力」と「自信」がつけば、いろいろなことを発信できるようになると思いますし、また、友人である国々を助けてあげれば、それなりに元気になったり、協同してよくなっていったりすることもあるでしょう。

最近で言えば、中国の習近平《しゅうきんぺい》氏も、力はあるのかもしれません。

先日、ＮＨＫが中国について取材したことを放送していましたけれども、そこでは、要するに、「中国は海洋国家を目指しているのだ。十三億人を食べさせなければいけないから、海を押《お》さえて、食糧と資源を確保しなければいけないのだ」というようなことが言われていました（二〇一三年十一月二十一日放送「クローズアップ現代」）。

それは、つまり、〝イナゴの大群〟のようになって、太平洋やインド洋、アフリカのあたりまで〝食い尽《つ》くす〟ということです。

海洋戦略で一国を建てるというのも結構ですが、他国の承認を得てもらわないと、食われるほうはたまったものではありません。〝イナゴの大群〟が発生するというのであれば、どうにかしなければならないので、中国が食べていける方法については、もう少し平和的に考えてもらわないといけませんし、日本としても、「食糧増産の方法」を考えてあげる必要があるかもしれません。

ただ、イナゴのように食べていかれては、たまったものではありませんから、文明的に後《おく》れているものに対しては、きちんと意見を言えるようにならなければいけないと思っています。

「考え方」で豊かになるか貧乏《びんぼう》になるかが分かれる

今の日本は豊かな国ですし、これからもっと豊かになると、私は信じています。

しかし、考え方において、「貧乏《びんぼう》を愛する考え」を持っていたら、やはり、真に豊かにはなれません。ここについては気をつけてほしいと思います。

この「貧乏を愛している」ということは、個人にも全体にも当てはまることなのです。

キリスト教には、「金持ちだったら天国に入れない」という教えが一部にありますけれども、本当にそう思っていたら、今のキリスト教国の発展はありえません。したがって、イエスの言葉であっても、耳でだけ聞いて、頭には通っていないだけなのでしょう。「昔の時代の教えだから」と思って、いちおう分けて考えているのだと思います。

もし、「個人」においても、商売をしている人が、「ああ、こんなに儲《もう》けてはいけない」などと心のなかで思っていると、大きな商談が流れていくようになるので失敗します。

また、「組織」においても同じことはあります。「宗教で金儲けをしてはいけません」とか、「豊かになってはいけません」などと言っていると、資金はなくなっていきます。「『食うや食わず』が正しい宗教なんだ」ということになれば、その宗教は広がらないのです。

広がらなくてもよい宗教であるならば、「それほど重要な宗教ではない」ということでしょう。「広がらなければいけない。全世界に広げる」ということであれば、やはり負けてはいられません。

マザー・テレサの修道会でも、四千人以上ものシスターを養いながら、全世界で活動しています。あのように、みな質素に生活していても、全世界で伝道するためには、それなりに資金が必要になってくるわけです。

学校の教科書にはどのように書いているのか知りませんが、「よいことのために使うお金は、それによって事業を前進させることができるし、それによって時間を節約でき、早くすることもできる。したがって、時間を買えるお金、および、大勢の人を雇《やと》えて事業を大きくすることができるお金は、その目的、動機において正しいものであり、結果として人類を前進させるものであれば、悪いものではないのだ」という考えを、折々にきちんと挟《はさ》み込《こ》んで教えてあげることは大事です。

この哲学《てつがく》を一行入れるかどうかで、人生は非常に大きく変わっていきます。

この考え方が入っただけで変わってくるのです。

「富の総量」を増やすために学ぶべき「成功する方程式」とは

マルクス主義的なものも、弱者を救う面ではよいところもありますが、現代ではマルクス主義の基本的な考え方が廃《すた》れてきているので、使えません。

ただ、今、「マルクス主義」が「累進課税《るいしんかぜい》」というかたちでの社会主義に変化してきて、先進国まで含《ふく》めて洗脳されているのです。

それによって、「お金があるところから取り、ないところにばら撒《ま》く」ということだけをやっているのですが、普通《ふつう》、「お金のあるところと、お金のないところができる」ということには理由があります。会社の経営に失敗するところと成功するところがあるのには、理由があるわけです。それは、確かに、成功すべくして成功し、失敗すべくして失敗しているのです。

　お金が儲かっているところから取って、ないところに撒くというのは、最初は正義になるかもしれません。しかし、長い期間、ただ単に、機械的にそれを繰《く》り返していったら、正直者はだんだん働かなくなり、働かない者がたくさん補助金をもらうような社会になっていきます。その結果、国自体が停滞《ていたい》していくのです。

　したがって、「累進課税的な考え方」については、幸福の科学としては、基本的にあまり賛成ではありません。これは、一種の社会主義であり、国家が累進課税を強化していくことは、社会主義の強化だと考えています。

今、「社会保障と税の一体化」ということが非常によいことのように聞こえます。「社会福祉《ふくし》と一体化して、老後の面倒《めんどう》をすべて見てくれるなら、幾《いく》らでも金持ちから金を取ってもよい」というような考えに聞こえますが、そうなると幾らでも取れるので、限度がありません。日本にはビル・ゲイツのような富《ふ》豪《ごう》も出ない状態でありながら、そこまで取り続けるのは、残念ながら無理です。そういうことをすれば、だんだん、誰《だれ》もが同じような収入になっていくでしょうし、そこからお金を取ったら、もはや食べていけなくなります。

それよりは、やはり、自分たちが二倍三倍、五倍十倍と、もう一段収入を上げていけるように、「成功する方程式」を出して、学ばせることが大事だと思います。

二〇一三年の安倍《あべ》首相の年頭所感《ねんとうしょかん》でも、最初にそうした「自助努力社会」のことに触《ふ》れていましたけれども、そういうものを、これまでの首相の年頭所感では聞いたことがないので、当会の教えの影響《えいきょう》を受けているのでしょう。

やはり、「富の総量」を増やす努力は必要だと思います。EUのように、貧しいところの集まりだけでは、よくはなりません。どこかに稼《かせ》いでもらわないといけないので、そのあたりの努力は要《い》るということです。

「その動機が善であり、結果として人類を前進させるものであれば、お金は悪いものではありません」ということを、はっきり申し上げたらよいと思います。

この橿原支部精舎が、橿原神宮ぐらい大きくなっても、まったく困りません。（神武天皇が橿原で天皇に即位《そくい》したように）〝エル・カンターレ即位式〟をして

● 2013年の年頭所感で、安倍首相は、「頑張った人が報われ、今日よりも明日の生活がよくなると実感できる日本経済を取り戻すために、内閣の総力を挙げて、経済政策を強力に進めてまいります」と述べている。

もよいのですが、それには、もうひとつ努力が必要でしょう。

あとがき

自分たちの国を正確に見つめ直し、さらに素晴らしい国にしていくべく努力するのが国民たるものの務《つと》めである。

たまさかの戦争の勝敗だけで神の正義は決まらない。一九四五年以降の国際正義は、その時の戦勝国が決めて、その後変更《へんこう》を許さない形になっている。しかし日本が敗れたせいで、戦後、世界の半分は共産主義が蔓延《まんえん》し、数千万から億の単位の民衆が大量粛清《しゅくせい》された。戦争国アメリカは二発の原爆投下を反省することもなく、今、その覇権《はけん》を新たな「侵略の帝国」におびやかされつつある。

縮《ちぢ》み思考の日本は、再びリバウンドせねばならない。本書は、この国の素晴らしさを再発見し、誇《ほこ》りと自信を取り戻すための一書である。神々の住まう国・日本を忘れてはならない。

二〇一五年　六月十六日

幸福《こうふく》の科学《かがく》グループ創始者兼総裁《そうししゃけんそうさい》　大川隆法《おおかわりゅうほう》

『日本建国の原点』 大川隆法著作関連書籍

『黄金の法』（幸福の科学出版刊）
『朝の来ない夜はない』（同右）
『日本の繁栄は、絶対に揺るがない』（同右）
『大川隆法 シンガポール・マレーシア 巡錫の軌跡』（同右）
『大川隆法 ブラジル 巡錫の軌跡』（同右）
『長谷川慶太郎の守護霊メッセージ』（同右）
『サッチャーのスピリチュアル・メッセージ』（同右）
『守護霊インタビュー 皇太子殿下に次期天皇の自覚を問う』（同右）
『イエス・キリストに聞く「同性婚問題」』（同右）
『神武天皇は実在した』（同右）

『天照大神の御教えを伝える』（同右）
『天照大神のお怒りについて』（同右）
『最大幸福社会の実現――天照大神の緊急神示――』（同右）
『伊邪那岐・伊邪那美の秘密に迫る』（同右）
『守護霊インタビュー 金正恩の本心直撃！』（幸福実現党刊）
※左記は書店では取り扱っておりません。最寄りの精舎・支部・拠点までお問い合わせください。
『アンドリュー・カーネギーの霊言』（宗教法人幸福の科学刊）
『ジョン・ロックフェラーの霊訓』（同右）

日本建国《にほんけんこく》の原点《げんてん》

――この国に誇りと自信を――

2015年６月27日　初版第１刷

著　者　　大《おお》　川《かわ》　隆《りゅう》　法《ほう》

発行所　　幸福の科学出版株式会社

〒107-0052 東京都港区赤坂２丁目10番14号
TEL(03)5573-7700
http://www.irhpress.co.jp/

印刷・製本　株式会社 堀内印刷所

落丁・乱丁本はおとりかえいたします

©Ryuho Okawa 2015. Printed in Japan. 検印省略

ISBN978-4-86395-685-8 C0030

大川隆法シリーズ・最新刊

左翼憲法学者の「平和」の論理診断

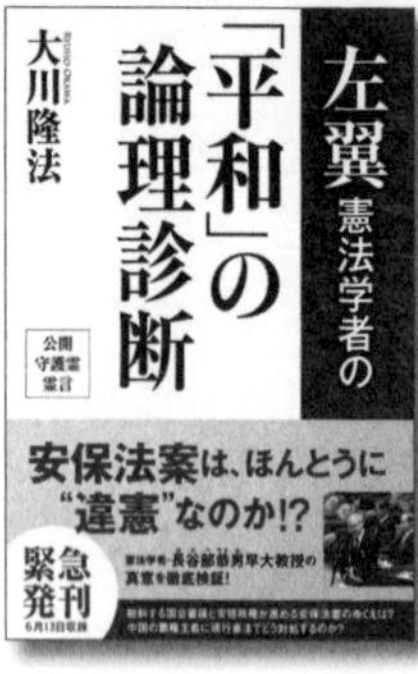

なぜ、安保法案を"違憲"と判断したのか？ 中国の覇権主義に現行憲法でどう対処するのか？ 憲法学者・長谷部恭男早大教授の真意を徹底検証！

1,400円

神秘現象リーディング

科学的検証の限界を超えて

「超能力」「学校の妖怪」「金縛り」「異星人とのコンタクト」……。最高の神秘能力者でもある著者が、超常現象や精神世界の謎を徹底解明！

1,400円

大震災予兆リーディング

天変地異に隠された神々の真意と日本の未来

口永良部島噴火と小笠原沖地震は単なる自然現象ではなかった——。その神意と天変地異のシナリオとは。日本人に再び示された「警告の一書」。

1,400円

※表示価格は本体価格（税別）です。

大川隆法霊言シリーズ・先の大戦の意義を明かす

パラオ諸島ペリリュー島守備隊長
中川州《くに》男《お》大佐の霊言
隠された〝日米最強決戦〟の真実

アメリカは、なぜ「本土決戦」を思い留まったのか。戦後70年の今、祖国とアジアの防衛に命をかけた誇り高き日本軍の実像が明かされる。

1,400円

沖縄戦の司令官・
牛島満中将の霊言
戦後七十年 壮絶なる戦いの真実

沖縄は決して見捨てられたのではない。沖縄防衛に命を捧げた牛島中将の「無念」と「信念」のメッセージ。沖縄戦の意義が明かされた歴史的一書。

1,400円

硫黄島
栗林忠道中将の霊言
日本人への伝言

アメリカが最も怖れ、最も尊敬した日本陸軍の名将が、先の大戦の意義と教訓、そして現代の国防戦略を語る。日本の戦後にケジメをつける一冊。

1,400円

大川隆法霊言シリーズ・日本の神々の霊言

神武天皇は実在した

初代天皇が語る日本建国の真実

神武天皇の実像と、日本文明のルーツが明らかになる。現代日本人に、自国の誇りを取り戻させるための「激励のメッセージ」!

1,400円

伊邪那岐《いざなぎ》・伊邪那美《いざなみ》の秘密に迫る

日本神話の神々が語る「古代史の真実」

国生み神話の神々が語る、その隠された真実とは……。『古事記』『日本書紀』ではわからない、古代日本の新事実がついに明かされる。

1,400円

国之常立神《くにのとこたちのかみ》・立国の精神を語る

「降伏」か、それとも「幸福」か

不信仰による「降伏」か!? それとも信仰による「幸福」か!? 『古事記』『日本書紀』に記された日本建国の神から、国民に神意が下された。

1,400円

※表示価格は本体価格(税別)です。

大川隆法霊言シリーズ・日本の神々の霊言

「日本超古代史」探究
〝月読命〟とは何者か

天照大神や須佐之男命に並ぶ「三貴神」の一人、月読命。歴史の表舞台から消えた「月の女神」が語る、その霊的役割とは。記紀 1300 年後の新章。

1,400 円

天照大神《あまてらすおおみかみ》の未来記

この国と世界をどうされたいのか

日本よ、このまま滅びの未来を選ぶことなかれ。信仰心なき現代日本に、この国の主宰神・天照大神から厳しいメッセージが発せられた！

1,300円

日本武尊《やまとたけるのみこと》の国防原論

緊迫するアジア有事に備えよ

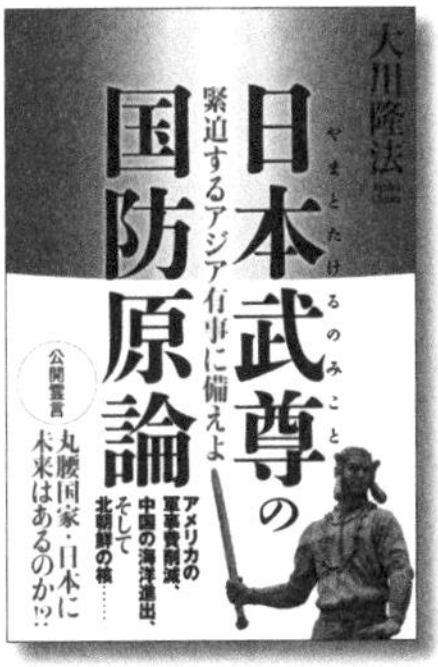

アメリカの衰退、日本を狙う中国、北朝鮮の核――。緊迫するアジア情勢に対し、日本武尊が、日本を守り抜く「必勝戦略」を語る。
【幸福実現党刊】

1,400円

大川咲也加・大川裕太 著作シリーズ

スピリチュアル古事記入門（上巻）

大川咲也加　著

日本の神々のほんとうの姿とは？ 神話に隠された古代史の秘密とは？ 日本の原点である『古事記』の神話を現代人のために分かりやすく解説。かわいいイラスト付き。

1,300円

スピリチュアル古事記入門（下巻）

大川咲也加　著

国造りを行った古代の天皇たちの願いとは？ 仏教受容のほんとうの意図とは？ 下巻では、神武天皇から日本武尊、聖徳太子までの歴史を解説。

1,300円

大川咲也加の文学のすすめ　～日本文学編～

大川咲也加　著

大川隆法著作シリーズの「視点」から、「日本文学」の魅力を再発見！ 心をうるおす、他にはない「文学入門」。名作41作品のあらすじ付き。

1,400円

幸福実現党テーマ別政策集 1 「宗教立国」

大川裕太　著

「政教分離」や「民主主義と宗教の両立」などの論点を丁寧に説明し、幸福実現党の根本精神とも言うべき「宗教立国」の理念を明らかにする。【幸福実現党刊】

1,300円

この地球《ほし》は、
宇宙に必要か？
大川隆法 製作総指揮
長編アニメーション映画
UFO学園の秘密
The Laws of The Universe Part 0
製作総指揮・原案／大川隆法
監督／今掛勇　脚本／「UFO 学園の秘密」
シナリオプロジェクト　音楽／水澤有一
総合プロデューサー／本地川瑞祥 松本弘司
美術監督／渋谷幸弘
VFX クリエイティブディレクター／粟屋友美子
キャスト／逢坂良太　瀬戸麻沙美　柿原徹也
金元寿子　羽多野渉　浪川大輔
アニメーション制作／ HS PICTURES STUDIO
幸福の科学出版作品　配給／日活
©2015 IRH Press
UFO学園 検索！
©2015 IRH Press　配給/日活　配給協力/東京テアトル　NIKKATSU
10月10日、全国一斉ロードショー！

幸福の科学グループのご案内

宗教、教育、政治、出版などの活動を通じて、地球的ユートピアの実現を目指しています。

宗教法人　幸福の科学

一九八六年に立宗。一九九一年に宗教法人格を取得。信仰の対象は、地球系霊団の最高大霊、主エル・カンターレ。世界百カ国以上の国々に信者を持ち、全人類救済という尊い使命のもと、信者は、「愛」と「悟り」と「ユートピア建設」の教えの実践、伝道に励んでいます。

（二〇一五年六月現在）

愛

幸福の科学の「愛」とは、与える愛です。これは、仏教の慈悲《じひ》や布施《ふせ》の精神と同じことです。信者は、仏法真理をお伝えすることを通して、多くの方に幸福な人生を送っていただくための活動に励んでいます。

悟り

「悟り」とは、自らが仏の子であることを知るということです。教学《きょうがく》や精神統一によって心を磨き、智慧《ちえ》を得て悩みを解決すると共に、天使・菩薩《ぼさつ》の境地を目指し、より多くの人を救える力を身につけていきます。

ユートピア建設

私たち人間は、地上に理想世界を建設するという尊い使命を持って生まれてきています。社会の悪を押しとどめ、善を推し進めるために、信者はさまざまな活動に積極的に参加しています。

国内外の世界で貧困や災害、心の病で苦しんでいる人々に対しては、現地メンバーや支援団体と連携して、物心両面にわたり、あらゆる手段で手を差し伸べています。

年間約３万人の自殺者を減らすため、全国各地で街頭キャンペーンを展開しています。

公式サイト **www.withyou-hs.net**

ヘレン・ケラーを理想として活動する、ハンディキャップを持つ方とボランティアの会です。視聴覚障害者、肢体不自由な方々に仏法真理を学んでいただくための、さまざまなサポートをしています。

公式サイト **www.helen-hs.net**

INFORMATION

お近くの精舎・支部・拠点など、お問い合わせは、こちらまで！

幸福の科学サービスセンター

TEL. **03-5793-1727**（受付時間 火〜金：10〜20時／土・日・祝日：10〜18時）

宗教法人 幸福の科学 公式サイト **happy-science.jp**

幸福の科学グループの教育事業

2015年4月 開学

HSU

ハッピー・サイエンス・ユニバーシティ

Happy Science University

私たちは、理想的な教育を試みることによって、
本当に、「この国の未来を背負って立つ人材」を
送り出したいのです。

（大川隆法著『教育の使命』より）

ハッピー・サイエンス・ユニバーシティとは

ハッピー・サイエンス・ユニバーシティ（HSU）は、大川隆法総裁が設立された「現代の松下村塾」です。「日本発の本格私学」の開学となります。
建学の精神として「幸福の探究と新文明の創造」を掲げ、
チャレンジ精神にあふれ、新時代を切り拓く人材の輩出を目指します。

学部のご案内

人間幸福学部

人間学を学び、新時代を切り拓くリーダーとなる

人間の本質と真実の幸福について深く探究し、
高い語学力や国際教養を身につけ、人類の幸福に貢献する
新時代のリーダーを目指します。

経営成功学部

企業や国家の繁栄を実現し、未来を創造する人材となる

企業と社会を繁栄に導くビジネスリーダー・真理経営者や、
国家と世界の発展に貢献し
未来を創造する人材を輩出します。

未来産業学部

新文明の源流を創造するチャレンジャーとなる

未来産業の基礎となる理系科目を幅広く修得し、
新たな産業を起こす創造力と企業家精神を磨き、
未来文明の源流を開拓します。

校舎棟の正面

学生寮

体育館

住所 〒299-4325 千葉県長生郡長生村一松丙 4427-1
TEL.0475-32-7770

教育

学校法人 幸福の科学学園

学校法人 幸福の科学学園は、幸福の科学の教育理念のもとにつくられた教育機関です。人間にとって最も大切な宗教教育の導入を通じて精神性を高めながら、ユートピア建設に貢献する人材輩出を目指しています。

幸福の科学学園

中学校・高等学校（那須本校）
2010年4月開校・栃木県那須郡（男女共学・全寮制）
TEL **0287-75-7777**
公式サイト **happy-science.ac.jp**

関西中学校・高等学校（関西校）
2013年4月開校・滋賀県大津市（男女共学・寮及び通学）
TEL **077-573-7774**
公式サイト **kansai.happy-science.ac.jp**

ハッピー・サイエンス・ユニバーシティ（HSU）
TEL **0475-32-7770**

仏法真理塾「サクセスNo.1」 TEL **03-5750-0747**（東京本校）
小・中・高校生が、信仰教育を基礎にしながら、「勉強も『心の修行』」と考えて学んでいます。

不登校児支援スクール「ネバー・マインド」 TEL **03-5750-1741**
心の面からのアプローチを重視して、不登校の子供たちを支援しています。
また、障害児支援の**「ユー・アー・エンゼル!」運動**も行っています。

エンゼルプランV TEL **03-5750-0757**
幼少時からの心の教育を大切にして、信仰をベースにした幼児教育を行っています。

シニア・プラン21 TEL **03-6384-0778**
希望に満ちた生涯現役人生のために、年齢を問わず、多くの方が学んでいます。

NPO活動支援

ブログ **blog.mamoro.org**

学校からのいじめ追放を目指し、さまざまな社会提言をしています。また、各地でのシンポジウムや学校への啓発ポスター掲示等に取り組む一般財団法人「いじめから子供を守ろうネットワーク」を支援しています。

公式サイト **mamoro.org**
相談窓口 **TEL.03-5719-2170**

政治

幸福実現党

内《ない》憂《ゆう》外《がい》患《かん》の国難に立ち向かうべく、二〇〇九年五月に幸福実現党を立党しました。創立者である大川隆法党総裁の精神的指導のもと、宗教だけでは解決できない問題に取り組み、幸福を具体化するための力になっています。

党員の機関紙
「幸福実現NEWS」

TEL 03-6441-0754
公式サイト hr-party.jp

出版 メディア 事業

幸福の科学出版

大川隆法総裁の仏法真理の書を中心に、ビジネス、自己啓発、小説など、さまざまなジャンルの書籍・雑誌を出版しています。他にも、映画事業、文学・学術発展のための振興事業、テレビ・ラジオ番組の提供など、幸福の科学文化を広げる事業を行っています。

ア－・ユ－・ハッピ－？
are-you-happy.com

ザ・リバティ
the-liberty.com

幸福の科学出版
TEL 03-5573-7700
公式サイト irhpress.co.jp

THE FACT

ザ・ファクト
マスコミが報道しない
「事実」を世界に伝える
ネット・オピニオン番組

Youtubeにて
随時好評配信中！

ザ・ファクト　検索

入会のご案内

あなたも、幸福の科学に集い、ほんとうの幸福を見つけてみませんか？

幸福の科学では、大川隆法総裁が説く仏法真理をもとに、「どうすれば幸福になれるのか、また、他の人を幸福にできるのか」を学び、実践しています。

入会

大川隆法総裁の教えを信じ、学ぼうとする方なら、どなたでも入会できます。入会された方には、『入会版「正心法語」』が授与されます。（入会の奉納は1,000円目安です）

ネットでも**入会**できます。詳しくは、下記URLへ。
happy-science.jp/joinus

三帰《さんき》誓願《せいがん》

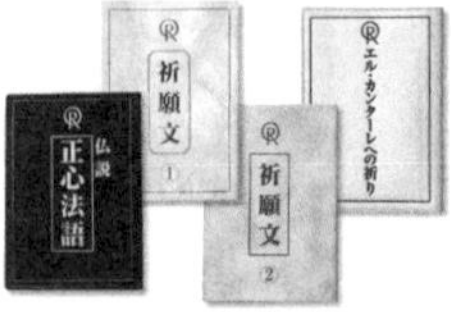

仏弟子としてさらに信仰を深めたい方は、仏・法・僧の三宝への帰依を誓う「三帰誓願式」を受けることができます。三帰誓願者には、『仏説・正心法語』『祈願文①』『祈願文②』『エル・カンターレへの祈り』が授与されます。

植福《しょくふく》の会

植福は、ユートピア建設のために、自分の富を差し出す尊い布施の行為です。布施の機会として、毎月1口1,000円からお申込みいただける、「植福の会」がございます。

「植福の会」に参加された方のうちご希望の方には、幸福の科学の小冊子（毎月1回）をお送りいたします。詳しくは、下記の電話番号までお問い合わせください。

月刊「幸福の科学」

ザ・伝道

ヤング・ブッダ

ヘルメス・エンゼルズ

INFORMATION
幸福の科学サービスセンター
TEL. 03-5793-1727（受付時間 火～金：10～20時／土・日・祝日：10～18時）
宗教法人 幸福の科学 公式サイト **happy-science.jp**